家有初中生

Fighting

主 编
程 薇

副主编
胡 迪 张 丹

参 编
(按姓氏笔画排序)

吕 莹 朱闪闪 刘小芳 羊 静 李 媛
吴函芸 沈佳妮 张 萍 周云浩 周贵龙
袁家梦 凌晓菊 曾万强

重庆大学出版社

图书在版编目（CIP）数据

家有初中生 / 程薇主编 . —— 重庆 : 重庆大学出版
社 , 2025.6（2025.8 重印）. -- ISBN 978-7-5689-5195-1

Ⅰ . G782

中国国家版本馆 CIP 数据核字第 2025F40S54 号

家有初中生 JIAYOU CHUZHONGSHENG

主编 程 薇

策划编辑：蹇 佳

责任编辑：王思楠

责任校对：刘志刚

责任印制：赵 晟

内文制作：雨 萌

重庆大学出版社出版发行

社址 (401331) 重庆市沙坪坝区大学城西路 21 号

网址：http://www.cqup.com.cn

印刷：重庆升光电力印务有限公司

开本：720mm×1020mm 1/16 印张：15 字数：259 千

2025 年 6 月第 1 版 2025 年 8 月第 2 次印刷

ISBN 978-7-5689-5195-1 定价：58.00 元

　　埋下希望的种子，耐心培育，静待花开，这是播种的过程，也是教育的过程。

　　从事初中教育已近20年，我遇见过许多孩子，他们有着不一样的"阴晴圆缺"，不一样的性格秉性，但相同的是，几年陪伴后，他们都去到了更高更远更好的前方。每每念及于此，我都甚是欣慰，身为一名老师，最大的心愿大概莫过于此。

　　只是越在教育行业深耕，越是见过更多的孩子，越是体会到家校共育的重要性。苏霍姆林斯基曾说："教育的效果取决于学校和家庭的一致性，如果没有这种一致性，学校的教学教育就会像纸做的房子一样倒塌下来。"无疑，家庭教育和学校教育同样重要，如果非要在两者之间作个比较，我会毫不犹豫地选择前者。因为学校教育在孩子成长中具有阶段性和局部性，而家庭教育却会伴随孩子终生。

　　初中生处于幼稚期向成熟期发展的过渡时期，既有幼稚期的特点，又有成熟期的特点。他们的内心世界逐渐复杂，不再轻易表露自己的内心活动，有时甚至不愿意对长辈开口表达。他们的社会化过程逐渐完成，自我意识逐步觉醒，他们越来越关注社会生活，社会环境对其影响也越来越明显。在古代，人们常用"笄年、舞象、合群、弱冠、长成、云鬓、花信"等浪漫风雅的美词来形容这个风华正茂、朝气蓬勃的年纪。

　　怎样让孩子尽快完成从小学到初中的过渡？怎样给孩子做好后勤保障？怎样指导孩子学习初中知识？怎样管理孩子的手机？怎样面对孩子的情感问题？怎样为高中做铺垫……每一个问题都直击家长的内心，这是家长们切实关心而又无从解决的疑难。其实每个问题都是一个"系统工程"。坦率地说，家长们都很着急：一方面每个孩子都是家长的希冀，家长对孩子的关注度非常高；另一方面初中三年真的太短，短得每一步都十分重要，好像容不得一点"闪失"。

执教以来，我非常能理解家长们的心情，因为每个孩子的成长过程都是独一无二且不可复制的单行线，所有的过程都必须由孩子自己去学习去经历去体会，我们希望一切顺利，但"曲折"和"失误"一定会夹杂其中，只是多与少的问题。我们是否有方法或规律能尽量减少他们"走弯路"呢？我想是可以有的，当我把这个想法抛出来后，得到同事们的积极响应。大家群策群力，搜集资料，整理数据，理清问题，找准重点和难点，投入大量的热情和精力，从学科、生活、心理等方方面面，着力解决家校共育中家长们关心的、疑惑的、棘手的、重要的问题。大家都"毫不吝啬，倾囊相授"，力图提出一些可行的解决方法，以供那些即将经历或者正在经历"家有初中生"的家长们参考，于是便有了这本《家有初中生》的雏形。

一件有意义的事，从来不缺少支持。我们的执着与努力，离不开学校领导的关怀，离不开广大家长朋友和孩子们的建议，离不开编辑的帮助……在多方努力下，《家有初中生》终于要与广大家长朋友们见面了。

成书之余，心中难免忐忑。诚然，一本书不可能囊括所有想表达的内容，更何况是"育人之书"，希望这本书能抛砖引玉，给家长们一些启发和帮助，让你我一起，在不确定的未来，做孩子坚强的后盾。

程　薇

2025 年元旦

目 录

第一部分

小升初、初一

第一章　提灯引路　育梦成光

恭喜您，孩子经过六年学习，顺利进阶到了初中阶段！此时此刻，您是否在纠结，是让孩子顺其自然发展，还是为其提灯引路呢？相信许多家长都会有所疑惑，从小学升入初中，在课程体系、知识结构、学习方法与能力要求等方面，孩子将迎来全方位的转型挑战。与此同时，孩子在人际交往模式、心理发展特征以及生理成长节奏等维度，也面临着显著的阶段性变化。不少初一新生以及家长由于对新学段缺乏系统性认知与充分准备，未能根据初中学习生活的新特点进行调整，结果孩子上初中后手足无措，种种不适应，严重影响了学习效率与质量。因此，在孩子迈入初中校园前，我们需要提前准备，帮助孩子快速适应初中的节奏。

1

融心筑梦，破茧成蝶

家长来信

度过了六年小学生涯，从今天起，我家小朋友终于成为准初中生了！身份升级的同时也迎来了新的问题与挑战。我感觉我家小朋友还没有积极地转变身份，每天仍然喜欢看看动画片、打打游戏，好像丝毫没有意识到自己已经是初中生了。作为家长，我们应该如何提前引导孩子转变心态，带领孩子开启初中生活新篇章呢？

亲爱的家长朋友，如果您有以上疑惑，请不要焦虑。"爱玩"是每一个小孩的天性，我们要做的，不是磨灭孩子的天性，而是让孩子能够以自己感兴趣的方式迎接初中生活。

首先，家长要给孩子积极的心态引导。无论什么时候，家长都应该给予孩子充分的信任和支持，尤其是在青春期这个心理状态对学业产生较大影响的阶段。小升初阶段的孩子的心理状态很大程度上会对他们的学业产生较大影响，更需要父母给予充分的信任和支持。我们需要帮助孩子认识到这是一个新的开始，保持与孩子的沟通，倾听他们的担忧和想法，给予理解和支持。分享自己在类似阶段的经历，帮助孩子感受到共鸣。

同时，家长可以通过日常活动、体育运动等帮助孩子学会同伴合作、尊重对手、遵守规则和对待失败的正确心态。例如，像足球这种集体性运动，除了可以强身健体，还可以帮孩子学会与同伴合作、尊重对手、遵守规则，理解公平以及用什么心态对待失败等。

其次，家长可以提前带领孩子适应新环境。对于孩子来说，小升初意味着离开熟悉的校园和同学，进入一个全新的环境，这需要他们适应新的学校环境、人际环境以及老师的教学方式。中学老师不会像小学老师那样事无巨细地交代每一件事，而是更加放手让孩子主动学习，这可能会让孩子感到不适应。因此，帮助孩子了解未来的学校，让孩子喜欢新学校是非常重要的。如果条件允许的话，可以带领孩子在开学前提前参观新学校，了解环境和课程，哪怕只是绕着校园走一圈，也能大大减少孩子对新学校的不安感与陌生感。同时，还可以鼓励孩子主动与同学交流，多多参与课外活动，建立新的社交圈。

最后，家长可以同孩子一起建立新的学习规则。家长永远是孩子的第一位老师，如果要让孩子建立学习规则，家长应当以身作则，给孩子树立榜样，家长可以与孩子一起提前预习初中将要学习的内容，并不是将孩子塞给课外机构，而是同孩子一起，在轻松的状态下熟悉新课本，可以从语文着手，共同探讨文字的奥秘，让孩子明白学习的意义和价值，从而调动内在的学习积极性。

即使是假期，也要保持良好的作息习惯，家长不妨与孩子一起制订固定的学习时间表，完成时间表上的任务后，给予适当的奖励。帮助他们养成良好的学习习惯，有效避免拖延症。下面是一份小升初假期作息时间表（参考）。

小升初假期作息时间表（参考）	
8:30—9:00	起床洗漱、吃早饭
9:00—9:30	晨读古诗和英语文章
9:30—11:00	预习初中学习内容（语文 / 数学 / 英语）
11:00—12:00	休息娱乐时间，孩子可以自行安排
12:00—14:00	吃午饭，午休
14:00—16:00	阅读课外书（语文必备读物）、练字或者画画等
16:00—18:00	户外活动时间：小区或公园玩耍（夏天注意避暑）去体育馆游泳或者打球都是不错的选择哦
18:00—19:00	吃晚饭
19:00—20:00	自由安排
20:00—21:00	亲子交流时间
21:00	洗漱、就寝

2
暑假规划，有条不紊

在帮助孩子制订了时间表后，针对初中预习的部分，到底应该如何规划呢？

首先，要规划好语文学习，21世纪核心人才素养体系中，沟通能力占据首要地位。这种能力不仅体现为口语表达的感染力，更涵盖书面表达的精准度。一个人的沟通能力有多强，那他的影响力就会有多大。若将写作视为沟通能力的具象化呈现，其创作过程恰似系统工程的构建：精巧的开篇收束如同项目策划，需要战略眼光与创新思维；谋篇布局与素材遴选则展现管理智慧，考验创作者的信息整合与价值判断能力。正如宋代文豪苏轼所言："腹有诗书气自华"，文字作品本质上是创作者认知体系与人格特质的镜像投射，文如其人，文章是一个人综合素养的表现。语文能力是最基础、最重要的，可以从以下几个方面入手，帮助孩子在进入初中前打下扎实的基础：

要　　求	
基础知识复习	**课本复习**：回顾小学语文课本中的重点知识和文言文，确保对基础知识的掌握。 **生字词**：复习小学阶段的生字词，特别是常用的汉字和词语，进行书写和默写练习。
阅读训练	**课外阅读**：选择适合孩子年龄的课外书籍，推荐经典文学作品、现代小说等。 **阅读理解**：进行一些阅读理解练习，帮助孩子提高抓住文章主旨和细节的能力。可以选择一些适合的练习册或网络资源。
写作练习	**日记写作**：鼓励孩子每天写日记，记录自己的生活、感受和想法，锻炼写作能力。 **命题作文**：可以安排一些命题作文练习，帮助孩子学会构思、布局和表达自己的观点。
语言表达	**口语练习**：与孩子进行日常对话，鼓励他们用完整的句子表达自己的想法，也可以进行小演讲练习。 **讲故事**：引导孩子选择自己喜欢的故事进行复述或改编，锻炼他们的叙述能力和创造力。
语文拓展	**文言文学习**：可以适当接触一些简单的文言文，帮助孩子了解古典文学的基本知识。 **汉字文化**：介绍汉字的来源、结构和演变，让孩子对汉字产生更浓厚的兴趣。
网络资源利用	**在线课程**：利用网络平台上的语文课程，选择一些适合孩子的学习资源，进行系统学习。 **语文APP**：下载一些语文学习的APP，进行生字词、阅读理解等模块的练习，增加学习的趣味性。
定期检查 和反馈	**学习计划**：制订一个合理的学习计划，每周安排语文学习的时间和任务。 **反馈与调整**：定期检查孩子的学习进度，给予及时的反馈，必要时调整学习计划。
亲子共读	**亲子阅读**：和孩子一起阅读书籍，讨论书中的内容，增进亲子关系的同时提高孩子的语文水平。

接下来，我们来看看数学。初中数学的知识结构跟小学数学不一样了。小学数学侧重于基础知识和计算能力的培养，包括简单的逻辑推理能力。初中数学则侧重于培养学生多方面的数学能力，包括计算能力、自学能力、分析问题与解决问题的能力、抽象逻辑思维的能力等。小学数学的题目通常较为简单直接，知识点联系性强，学会了一种类型，另一种类型就很容易上手；而初中数学在各个知识点上增加了复杂的平面几何知识，还有一次函数与二次函数，学习内容增多，难度增大。因此，孩子有必要预先了解初中数学。为小学升初中的孩子规划暑假的数学学习，可以从以下几个方面进行：

要　　求	
基础知识复习	**课本内容**：复习小学阶段的数学课本内容，特别是重点知识和难点，确保对基本概念的理解。 **基本运算**：巩固加减乘除四则运算的熟练程度，进行口算和笔算练习。
提高解题能力	**习题练习**：选择适合孩子的数学练习册，进行不同类型的题目练习，帮助他们掌握解题技巧。 **错题本**：整理孩子在练习中出现的错误，分析错误原因，并进行针对性的训练。
预习初中内容	**初中数学课程**：提前接触初中的数学知识，例如分数、小数、代数、几何等，帮助孩子适应新学期的学习。 **在线资源**：使用网络学习平台，观看初中数学的教学视频，了解新知识的基本概念。
数学思维训练	**逻辑思维**：进行一些逻辑推理和思维训练游戏，如数独等，培养孩子的分析和推理能力。 **数学竞赛题**：如果孩子对数学感兴趣，可以尝试做一些数学竞赛题，激发他们的思维潜力。
实践应用	**生活中的数学**：通过日常生活中的实际问题，鼓励孩子观察和应用数学知识，比如购物时的计算、时间的管理等。 **数学实验**：进行一些简单的数学实验或游戏，如测量身高、体重，计算平均值等，增加对数学的兴趣。
定期评估	**学习计划**：制订一个科学合理的数学学习计划，确保每天都有固定的学习时间。 **评估反馈**：定期进行小测验，检查孩子的学习进度和掌握情况，给予及时的反馈和鼓励。
亲子互动	**一起学习**：与孩子一起做数学题，可以通过亲子活动增强孩子的学习兴趣。 **数学游戏**：通过数学相关的桌游或应用程序，增加学习的趣味性与互动性。
保持积极心态	**鼓励与支持**：在孩子学习过程中，给予积极的鼓励和支持，增强他们的自信心。 **适当放松**：确保孩子有适当的休息和娱乐时间，使他们保持良好的学习状态。

最后，讲一下英语的规划。相对而言，在小学，英语比语文数学的课时少，导致一些孩子对英语的重视度不足。首先，可以看看孩子的英语书写是否整洁美观，如果不是，可以买本字帖认真练习书写，在正确指导监督下，坚持十天半个月就会看到明显进步。孩子升入初中后，书写直接影响卷面分。其次，监督孩子进行每次二三十分钟的书写练习也是对孩子专注力的训练，中学英语教学不是每堂课的内容都能引起孩子的兴趣，这样的训练有助于让孩子在不太感兴趣的情况下仍能专心听讲二十多分钟，完成学习任务。

英语还需要学好发音（音标与单词），这和书写一样是英语学习的基本功（所谓基本功就是短时"没"效果，但长期有好处的技能）。发音常以听力的形式考查学生的"语音面貌"，越规范的发音在以后的听力中越占便宜，甚至以后会在职场中让人眼前一亮。

鼓励孩子多使用一些单词记忆法，比如说"拼读法""上下意联想法""词根词缀法""艾宾浩斯曲线记忆法"等，这些方法在一些单词学习书里会有详细讲解。英语体系的根基在于词汇积累，海量的单词储备自然成为攻克这门语言的核心竞争力。因此，抓住这个暑假，提前熟悉单词记忆法是很有必要的。

3

步履不停，脚步不止

古人有游学之风，游玩中，以诗会友，边游边学。杜甫《望岳》"会当凌绝顶，一览众山小"就是游学到山东泰山而作。小升初假期除了学习，休息放松也必不可少。家长可以适当安排出行，让孩子享受亲子时光。当然，旅行并不是盲目的，出行安排可以结合学习和娱乐，既能放松心情，又能拓宽视野。如何开展一次愉快且有意义的假期出行呢？不妨按照以下步骤，鼓励孩子当小导游，安排一次亲子旅行。

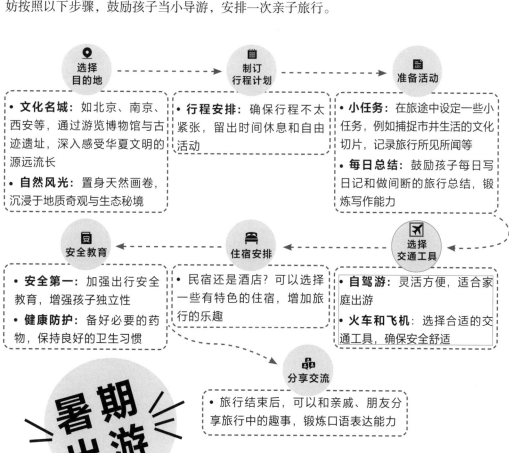

选择目的地

- **文化名城**：如北京、南京、西安等，通过游览博物馆与古迹遗址，深入感受华夏文明的源远流长
- **自然风光**：置身天然画卷，沉浸于地质奇观与生态秘境

制订行程计划

- **行程安排**：确保行程不太紧张，留出时间休息和自由活动

准备活动

- **小任务**：在旅途中设定一些小任务，例如捕捉市井生活的文化切片，记录旅行所见所闻等
- **每日总结**：鼓励孩子每日写日记和做间断的旅行总结，锻炼写作能力

选择交通工具

- **自驾游**：灵活方便，适合家庭出游
- **火车和飞机**：选择合适的交通工具，确保安全舒适

住宿安排

- 民宿还是酒店？可以选择一些有特色的住宿，增加旅行的乐趣

安全教育

- **安全第一**：加强出行安全教育，增强孩子独立性
- **健康防护**：备好必要的药物，保持良好的卫生习惯

分享交流

- 旅行结束后，可以和亲戚、朋友分享旅行中的趣事，锻炼口语表达能力

暑期出游

旅行是给予孩子最生动的成长课堂。当稚嫩的小手开始学习整理行囊、独立购票，当幼小的身影穿梭在车站人潮中办理值机，当清澈的眼睛记录着酒店入住流程的每个细节，这些浸润式的实践教育正在悄然播种最基础却常被忽视的生存智慧。在这个信息平权的时代，真正决定孩子未来发展高度的关键因素，早已从智力优势转向认知广度与思维格局的构建。

那些丈量过雪域高原的足迹，丈量过大海星辰的瞳孔，终将沉淀出超越年龄的从容与眼界。

（本章作者：吴函芸）

第二章　万事俱备　重新出发

九月，是秋与夏的遇见。

秋风拂面，时光正好，褪下稚嫩翅膀的孩子们即将踏上青春的征程，那么作为后勤主力的爸爸妈妈们，你们是否也做好准备了呢？

如果您还手足无措、茫无头绪，请您不要焦虑，查收这份为您准备的报到指南，一起帮助孩子们开启属于他们的初中生活吧！

1

报到明细，万无一失

即将升级为初中生家长啦

家人们，求咨询！

我家宝贝刚小学毕业，升入初中了！说实话，作为妈妈的我，心里真是五味杂陈。一方面为孩子的成长感到骄傲，另一方面又担心她不能很好地适应新环境。今天一拿到孩子的初中录取通知书竟有些不知所措，好像最近几年都忙着准备让孩子上初中，但又好像还没准备好。所以，想请教一下各位有经验的亲们，主要是以下几个方面：

1. 一开学，孩子就要住读了，一个周回来一次，我现在还不知道要准备些什么，除了生活用品还有什么需要准备的吗？

2. 入学第一天有些什么流程，孩子怎么才能给老师们、同学们留个好印象，尽快找到归属感呢？

3. 初中的竞争压力与日俱增，作为家长，我能怎么给孩子安排他的课余时间呢？

亲们有什么好的建议或者经验分享，欢迎留言告诉我哦！我们一起交流，互相学习，让孩子们能更顺利地过渡到中学生活！真诚地感谢大家！

亲爱的家长朋友，您好，首先恭喜您进入家长"最艰难时期"。看您略显紧张，请不要过度焦虑，虽然青少年时期是孩子三观形成的重要阶段，但只要沟通得当，交流有方，准备充分，平稳度过这个阶段后，您就会喜提一个善解人意的宝贝。第三个问题会在后续篇章里给您解答，请勿担心。为了帮助您和孩子更好地衔接入校第一天，请认真阅读以下内容，充分准备好入校必备品。

初中入学报到流程

1. 报到时间

通常在 8 月 31 日或 9 月 1 日上午（具体时间请注意查看录取通知书）。

2. 班级查询

根据学校发布的二维码、通知书、公告栏等查询自己所在班级、教室位置、寝室号等信息。

3. 教室报到

进入教学楼，根据班牌和楼层指向找到自己的班级所在位置（在很多学校，新生报到时，校园和教学楼都会有打卡点和签名墙，记得拍照留影哦）。

4. 寝室报到

需要住读的新生需在教师处报到结束后，走进宿舍区，根据已查询获取的寝室号和床位号，到达指定位置并收拾好行李物品。要记得和同寝室的小伙伴们礼貌热情地打招呼哦！

5. 班主任初印象

寝室整理好后，和寝室小伙伴一起到教室找位置坐下，初中班主任这个时候会和大家初见面。开启开学第一课！所以要记得提前准备好自我介绍，课堂上端正坐姿，热情大方。老师和同学需要帮助的时候，记得主动帮忙！

准备内容	已准备好 （打钩）
录取通知书	
入学体检报告 一般包含身高、体重、血压、血常规、肝功、胸部 X 光片、 心电图、乙肝等传染病筛查	
一寸免冠彩照 8～12 张	
证件复印件：身份证或户口簿复印件	

注：部分地区和学校会要求提交疫苗接种记录

住读生的准备

1. 住宿条件

通常为 4～8 人间，独立阳台（带卫生间）、洗漱台、空调、热水器、书桌、储物柜等。

2. 自带物品

• **床上用品**

床铺尺寸通常为 0.9 m × 2 m，床单、被套、枕套、枕头、棉被、床垫 / 垫褥、蚊帐等。

• **洗漱用品**

牙膏、牙刷、漱口杯、毛巾、浴巾、沐浴液、洗发水、洗衣液、肥皂、洗脸盆、洗脚盆、晾衣架、洗面奶等。

• **生活物资**

随身衣物、水杯、纸巾、常备药、创可贴等。

• **学习物品**

笔记本、作业本、四线三格英语本、姓名贴、笔袋、红笔、黑色签字笔、2B 铅笔、荧光笔等。

2

仪表着装，事无巨细

仪容仪表往往体现出一个人的精神风貌。良好的仪容仪表是人际交往的重要基础。学生的仪容仪表应符合学生身份，不追求成人化、不攀比、不图虚荣、不盲目模仿，养成良好的生活习惯。

青春期碰上更年期

自从儿子步入了青春期，家里的"硝烟"就处于持续弥漫的状态。

今天早上，家里发生了一场"小地震"。受电子产品和各种影视剧的荼毒，儿子最近迷上了各种潮流，拒绝剪头发，他说很多游戏明星都留微分碎盖很好看。其实头发都盖住眉毛了，一点都不精神！真是看着就来气！另外，他还特别喜欢穿破洞裤，说现在流行这种嘻哈造型。最过分的是还会戴些看不懂的链子和手环。这对一向注重整洁和传统的我来说，简直是难以接受的事情。我觉得男孩子就是要阳光干净。但是现在家里一说到这个话题就炸毛。

作为家长，我一直心情复杂。一方面，我希望他能够遵守家里的规矩；另一方面，我也意识到，孩子正在经历青春期的变化，他有自己的想法和追求。或许，我应该尝试理解他的世界，但目前为止，我还没找到一个双方都能接受的方法。

有经验的亲们，能告诉我你们的处理方式吗？

亲爱的家长朋友，进入初中以后，因为青春期，您的孩子会开始注意他的着装和发型，这很正常，所以请您不要太着急。当然，也请您随时做好督促工作。首先学校会有明确的管理条例，中学生的发型和服饰要求会很严格，例如遮眉的发型就是不符合要求的，所以，只要家校配合，孩子一定还是您想要的阳光干净的模样。其次，为避免互相攀比，学校会统一要求穿着校服，不允许佩戴饰品，因此破洞裤、项链、手环这些都是不符合要求的穿戴。所以孩子们在学校并不会处于放飞自我、着装自由的状态。入校前，请拉着您的孩子一起熟悉一下学校的仪容仪表要求，这样既避免了你们的冲突，又能让孩子尽快地适应新环境，还能给老师和同学留下一个干净清爽的好印象。

发　型

1. 男生

前不过眉，旁不达耳，后不及领，保持发型发质自然，不烫不染，不追求流行与时尚，男生不留长发，不剃光头，不留潮流发型、怪异发型。

2. 女生

前不过眉，旁不遮耳，发不披肩，女生过肩长发须扎为马尾辫。保持发质自然，不烫不染，不追求流行与时尚。

3. 不戴头饰，帽子

面　容

面部保持自然整洁，不化妆；不戴各种美瞳；不留胡须。此外，学生在校期间不得佩戴任何饰品（包括耳钉、耳环、手链、项链等），以保证运动安全。勤剪指甲，不留长指甲，不得涂指甲油，保持双手干净，简洁大方。

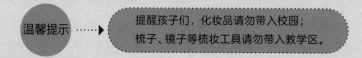

温馨提示 ······▶ 提醒孩子们，化妆品请勿带入校园；梳子、镜子等梳妆工具请勿带入教学区。

着　装

1. 校服

• 校服采购须提前。大部分学校都会要求学生在校期间穿着全套校服，因此，在录取通知书上会注明校服购买渠道（通常是扫二维码进入小程序直接订购，并邮寄到家）。在开学报到时，会要求孩子们着全套校服进校。

• 校服款式须多样。校服根据孩子们一年四季的需求有不同的款式，建议每个季节都买。此外，每个学校会有相应的礼服套装，在孩子们表演节目、颁奖等场合会用到，可酌情采购。

• 校服要求须统一。学生在学校期间（即进入校门口直至离开校门期间）须统一穿全套校服，学校通常会要求孩子们做到"所见皆校服"。夏季，保证穿全套校服；春秋季，穿两件，内外皆为校服；冬季，天太冷，如需添加自己的衣物，必须保证，目之所及皆为校服。

• 校服穿着须整齐。内层衣服衣角或下摆不得长于外衣，衬衫下摆扎进裤腰内；衣服除领扣以外，所有纽扣须扣好。校服常换洗，保持干净整洁，如有破损须及时修补或更换。不得在校服上涂鸦，不得改变校服的原有样式。

温馨提示 ……▶ 孩子们在学校都穿校服，所以容易弄混，建议家长在孩子的每一件校服标签处，写好或者绣好孩子的姓名班级，方便孩子辨认自己的校服；如孩子的校服不慎遗忘在校园某处，也方便捡到校服的孩子精准找到失主并归还。

2. 个人服装

如学校未要求统一服装，则孩子们的服装需做到以下要求：穿戴整洁、朴素、大方，学生的服饰应以色彩鲜明、线条流畅、明快简洁为好；不穿奇装异服；不穿拖鞋、高跟鞋或无跟鞋，不盲目追求名贵服饰。下列服装或穿戴严格禁止：过分暴露的衣服、过长或过大的衣裤、乞丐装、吊带装、超短裙、高跟鞋、透明衣服、各种背心等。

3. 红领巾

从初一入校到退队之前，孩子们在校期间须佩戴红领巾。在唱国歌的场合，须行少先队队礼。

温馨提示 ……▶ 请提醒孩子们，入校是需要佩戴红领巾的哦！初二退队仪式结束前都是需要每天佩戴红领巾进出校园的。

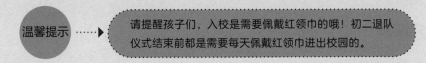

面必净、发必理、衣必整、纽必结、头宜正、肩宜平、胸宜宽、背宜直
做风度翩翩的俊朗少年；做优雅大方的娴静少女，你准备好了吗？

3

教室新规，宿舍新约

处暑已近，秋光适宜，孩子们踏入新的校园，即将开启一场追逐星光，奔赴山海的圆梦之旅。在这方热土，让孩子成为更好的人，是孩子、家长和学校最新的约定。为了促成这一约定，三方皆需要践行新规定。因为自由只存在于束缚之中，没有堤岸，哪来江河？亦如风筝，因为有了线的束缚才能飞得更高，所以面对新征程、新要求，你们准备好了吗？

暑期的一天早晨，儿子给我说，他做了一个梦，梦见初中生活太美好！

梦里：爸妈二话没说把"小天才"换成了iPhone 16！还有他的小宝马莉卡，多的拿到学校去，互换了好多他缺的卡！在宿舍也是，带上了MP4，听着歌睡觉！睡不着觉的时候，还可以偷摸和室友一起畅聊！宿舍没熄灯的时候，一群人一起玩儿狼人杀，一点都不差队友，小小游戏，拿捏！而且大家都带了很多零食和水果，每天都有新鲜玩意儿！舒适度拉满！

我好害怕他离开家后就像脱缰的野马，欢脱得没边儿！

请家长放心，上面这个"梦境"是孩子们在现实的中学生活中，不会出现的场景。无论在教室还是寝室，都有明确的管理条例和纪律规定，所以有很多东西都是不能带、不能碰的。为了避免孩子想当然地携带一些违禁物品，请记得和孩子共享以下信息，一起来看看吧！

教 室

1. 手机管理

• 学生不能携带智能手机等具有娱乐功能的电子设备进校。如确有联系的需要，需家长签署承诺书且只能携学生机、老年机或电子手表进校，进校后须按照学校要求统一管理（集中保管）。

- 如本人未携带手机，遇到紧急事件可以通过班主任或任课老师来拨打家长电话。

- 放学离校前，不得利用手机等电子产品的拍照功能偷拍偷录老师、同学。

2. 课堂纪律

- 预备铃响后，学生应迅速进教室，准备好该堂课的书本、文具，做好课前静息，不得在教室外逗留或者在教室大声喧哗。

- 上课铃响后，老师发出上课信号后，学生起立，师生互相问好。问好时，学生要做到站姿端正、声音洪亮、精神饱满，严禁东倒西歪或交头接耳。

- 上课期间（含自习）不吃零食，不喝饮料，不嚼口香糖。

- 学生应专心听讲，积极思考，认真记笔记。按老师要求积极、有序地发言和交流，严禁一切扰乱课堂秩序的行为，如私下交谈、哗众取宠、传递纸条等。学生不得在课堂上打瞌睡，甚至睡觉，不得未经允许离开座位或教室。

- 自习期间，不能以任何理由或借口离开自己的教室。行课或自习期间上厕所须征得老师同意，学生不得频繁在行课或自习期间请假上厕所，严禁以上厕所为名逃课。

- 自习课上，认真完成作业。严禁抄袭作业，无故拒交、缓交作业。

3. 课间规范

- 爱护教室内一切教学设施，不得坐桌子、坐窗台、踢椅子；不得在桌子上乱涂乱画、随意粘贴，不踢门，不撞门，不摔门；不得扔掷粉笔，乱开空调、饮水机等。

- 爱护教室内一切电教或网络设备（如智慧黑板、录音机、话筒、投影等），严格按操作规程合理使用，出现故障及时请示报告，不得乱拆乱卸，非教学需要不得擅自使用电教及网络设备。

- 不在教学楼内奔跑追打、推搡；不三五成群地聚在一起大声喧哗、尖叫，不讲粗话；不串班，不串楼层。

- 不在教学楼内从事任何体育活动，严禁任何剧烈运动和任何危险游戏。

- 课间休息时应做好下堂课的准备工作，不得在预备铃声响后才上厕所。
- 当发生矛盾冲突时，严禁用语言或其他方式挑衅、触怒或威胁他人。

4. 集会要求

- 教室门口整队出发，上下楼梯不要拥挤，不能相互推搡，须礼让慢行，靠右行走。
- 集会期间保持队伍安静，不随意走动，不吃东西，不看书报杂志，不讲话。
- 保持会场的清洁卫生，不乱吐乱丢，离开前要清洁场地。
- 集会结束，必须服从统一指挥，按要求安全有序离场，不得大声喧哗、嬉戏、打闹。

宿 舍

1. 卫生要求

- 地面、墙壁、书桌、天花板保持整洁，墙上不能挂衣物。
- 衣物、毛巾、脸盆、牙缸、水杯等生活用品，按要求摆放整齐。
- 桌面、被褥、床单、窗台保持清洁整齐。
- 鞋子、凳子、行李箱在指定位置摆放。
- 离开寝室要关水、灯、空调等，及时倒垃圾。
- 不得在墙上、床架、柜子内外、门、玻璃等上面乱贴、乱画、乱涂、乱钉。

2. 纪律要求

- 起床铃响后，立即起床整理内务。
- 不能迟出寝，上课期间不允许回寝室。若有急事需回寝室，必须持班主任的批条。
- 休息铃响后，按时就寝休息，不得讲话、唱歌、洗衣服等。
- 不得串寝、合铺或换铺。
- 不得将电子产品带入宿舍。

- 禁止携带食堂食物或外卖进入宿舍，禁止携带除水果、牛奶、面包以外的食物进入宿舍，如方便面、自热米饭、卤味、辣条等食物。

- 严禁在寝室内从事娱乐性的棋牌游戏。

- 不得使用大功率电器（吹风机功率一般要求 1000 W 以内）。

4

红线意识，有备无患

步入中学，学校为了更好地助力孩子成长，有效约束孩子们的错误行为，促使他们认识并改正错误，培养他们的规则意识和责任感，会对学生违规违纪行为采取的一种教育惩戒措施，叫处分决定。这些措施包括警告、严重警告、记过、留校察看，甚至在某些情况下，对于高中阶段的学生，还可以给予劝其退学、开除学籍的处分。

■ 处分类别

· 警告：适用于违反校规校纪但情节较轻的学生。

· 严重警告：适用于违规行为较严重，但尚未造成重大影响的学生。

· 记过：适用于违规行为造成一定影响，需要给予更严厉警告的学生。

· 留校察看：适用于违规行为严重，需要一段时间观察和改正表现的学生。

· 劝其退学：适用于违规行为非常严重，且可能对学校管理造成重大影响的学生。

· 开除学籍：适用于违规行为极其严重，经过教育仍不改正，且对学校秩序和他人权益造成严重影响的学生。

■ 处分撤销

根据《中小学教育惩戒规则（试行）》，以下是一些可能允许撤销处分的情况（具体的撤销流程和条件因学校而异，以学校要求为准）：

· 诚恳认错：学生在接受教育惩戒或纪律处分后，能够认识到自己的错误，并有悔改的表现。

· 积极改正：学生在受处分期间，通过实际行动表现出改正错误的决心和成效。

· 申请撤销：学生本人可以提出书面申请，请求撤销处分。

- **评议和审核**：撤销处分通常需要经过师生评议，以及班主任或相关部门的初步审核。
- **学校批准**：最终撤销处分需要学校领导或相关部门的批准。
- **时间限制**：撤销处分的时间一般会在受警告和严重警告处分半年后，受记过、留校察看处分一年后考虑。

在中学阶段，学校和社会会让孩子们逐步形成自律意识和红线意识。也请各位家长在家约束孩子的部分行为，一定让孩子们在这个年龄阶段意识到：有自律方可有自由。让孩子们尝试自我控制，形成自我意识，明确目标设定，学会反思调整。

温馨提示 ……▶

☑ 守规则不是束缚，而是保护自己的铠甲：少一次冲动，多一分思考，把麻烦挡在萌芽前。

☑ 孩子的学籍档案是成长的"信用积分"：一旦留下处分记录，可能会让未来的升学、就业悄悄少了一扇门。别让一时的任性，遮住了未来闪闪发光的可能性呀！

致"小升初"学生家长的一封信

亲爱的成长合伙人：

您好！

当您展开这封信时，我们已在为迎接新同学的到来精心准备。家长们望着孩子即将开启的初中旅程，心中既有"雏鹰初飞"的欣慰，也难免掠过"羽翼是否丰满"的担忧；孩子们则像站在魔法世界的入口，好奇于新学科的奥秘，又隐隐不安于未知的挑战。今天，就让我们以这封信为纽带，搭建起家校共育的第一座桥梁，谈谈如何帮助孩子平稳度过初中适应期。

正确认知学段特征

部分家长在孩子从小学升入初中时可能会感到焦虑，因为这是一个重要的转折点，孩子将面临许多新的挑战，但其实，孩子们在过去的六年时光里，已经学会了如何和朋友相处，如何遵守课堂纪律，如何完成每日作业等基本要求，因此，作为家长，不必过度焦虑。但初中和小学确有很多不同之处，需要大家了解。

学习内容：小学学习内容较为基础，科目相对较少，一般包括语文、数学、英语等。中学阶段的知识更加系统化和专业化，学科门类增多（主要包括：语文、数学、英语、物理、化学、政治、历史、体育、地理、生物等），难度加大。

教学方式：小学的教学方式较为直观，注重基础知识的掌握。而初中的教学方式更加注重理解能力和思维能力的培养，强调理论与实践相结合，增强了对理科思维的要求。

学习方法：小学生更多可能依赖于家长和老师的监督，常通过重复来练习巩固知识。而初中生需要逐步学会自主规划学习（如制定预习和复习计划、整理错题本）并学会合理分配时间，平衡多学科作业与复习（如规划晚自习安排）。在学习过程中，常通过思维导图、表格来梳理知识框架，通过错题整理分析来优化认知结构。

培养良好学习习惯

共同营造和谐的学习氛围：如果有家长拿着手机，刷着小视频陪孩子写作业，时不时还评价两句，这样的做法对孩子来说完全没起到正向引领的作用。因此，我们希望家长能够理解和支持学校的规章制度，与学校共同努力，为孩子们创造一个健康向上的成长环境。让孩子们在家也能有自主学习的意识。

鼓励孩子制订学习计划：进入初中后，学习任务和难度都会有所增加。请鼓励孩子养成良好的学习习惯，比如定期复习、提前预习、合理安排时间等。同时，也要引导他们学会自我管理，提高自主学习的能力。可以通过制作表格，拟订双方协议等方式让孩子们安排好课余时间的学习内容。

教会孩子直面竞争、勇于挑战：首先要培养积极心态，在面对挑战时，积极的心态是成功的关键。请鼓励孩子看到每一个挑战背后的机会，而不是只看到困难。当孩子取得进步或成就时，请给予肯定和表扬，让他们知道努力是值得的。其次，学会接受失败，失败是成功的一部分。请教导孩子，即使结果不如预期，也不意味着一切都没有价值。重要的是从每次经历中学习并成长。当孩子经历失败时，请鼓励他们反思过程，找出可以改进的地方。最后，培养孩子解决问题的能力，面对挑战时，解决问题的能力至关重要。请鼓励孩子遇到难题时不要轻易放弃，而是尝试不同的方法来寻找解决方案。可以通过家庭作业、项目或日常活动中的小挑战来锻炼这项技能。

关注孩子情感需求

多听：小升初不仅是学习上的转变，也是孩子心理成长的重要阶段。青春发育期，孩子们的身体、性格都会发生很大的变化。在这些变化来临的时候，通常会伴随一些叛逆和特立独行的思维，因此请关注孩子的内心世界，多倾听他们的想法和感受。那些欲言又止的停顿，正是孩子们心灵破茧的序章！

多问：当孩子遇到困难时，给予他们足够的理解和支持，帮助他们建立自信；当孩子的情绪低落时，请多问问他们，并从他们的角度思考问题，保持中立的态度，给予客观的评价；当孩子极少分享时，多关心他们的校园生活和在校细节而不是一味地关注学习。以校园生活为画布，描绘比成绩更丰富的成长光谱。记住，每个沉默都是待启的盲盒，每次分享都是信任的投递。

多陪：当然，在这个阶段，陪伴是最好的表达爱的方式，有着事半功倍的效果。特别是孩子刚入学时，安全感的来源是家人。晨起时的营养早餐藏着安全感，晚归时的玄关灯光照亮归属感。请用"存在感陪伴"替代"干预式关心"——有时静默的并肩胜过千言教诲，恰如竹节拔升时需要安静的土壤。

深化家校协同育人

积极参与：有效的家校沟通有助于孩子更好地适应中学生活。定期参加学校组织的家长会，了解孩子的学习进展和行为表现。此外，积极参与学校组织的各类活动，如运动会、艺术节、科学展览等，这不仅可以增进对孩子在校生活的了解，还能与其他家长建立联系。您参加校园活动的每个身影，都是孩子安全感的注脚。

主动联系：首先要定期沟通，与孩子的班主任和科任老师保持定期的沟通，了解孩子在校的情况。如果孩子在学习或生活中遇到问题，请及时与班主任或其他科任老师联系，共同商讨解决办法。其次，要主动反馈信息，及时向老师反馈孩子在家的行为和学习情况，以便老师能够全面了解孩子。您记录在家校联系本上的生活碎片，会变成老师调整教学节奏的节拍器；老师反馈的课堂小插曲，也能化作家庭晚餐时的温馨话题。请相信，持续的双向沟通终将让教育溪流汇成江河。

注重生活实践能力

中学生活如同打开多维成长空间的大门，学业压力与社交复杂度同步升级的背景下，孩子们的生活实践能力最后会成为塑造抗挫力、领导力、幸福力的关键载体。因此，在中学阶段，一定要重视培养孩子的生活技能。当然，在这个过程中，一定要给予孩子充分的空间和试错机会。

生活技能的培养如同古法烧陶——家长既要精选黏土塑其基底（夯实自理能力），又需巧控力道免于匠气（拒绝包办替代），更要敬畏窑火无常的造化（拥抱成长试错），方能淬炼出带着独特冰裂纹理的人生陶器。这种看似琐碎的日常锤炼，实则是在锻造孩子未来披荆斩棘的铠甲！

最后，我们相信通过大家的共同努力，您的孩子一定能在学校里茁壮成长，能在中学阶段取得更大的进步，能成为社会的有用之才。今天，我们初次见面。日后，我们携手奋进。祝愿孩子们在新的一片热土，一路欢歌，灿烂前行！少年当以梦为马，书写属于自己的新辉煌！

教育的美好，在于我们相信——那些埋首耕耘的晨昏，终将化作照亮未来的星盏；那些协同浇灌的期待，必将长成支撑时代的栋梁！今日我们因教育理想相聚，明朝定以协同之力共进！在这片孕育希望的教育热土上，愿少年们以梦为缰，执创新为鞭，驰骋出一片星辰浩瀚的新天地！

　　此致
敬礼！

（本章作者：吕　莹）

第三章　寓学于乐　遇见更好的自己

初识新篇章，学海航行正当时——初中新生的成长之旅。在这充满挑战与机遇的岁月里，让孩子寓学于乐，以活动为桥梁，遇见更好的自己。在这些活动中，孩子们会遇到不同的自己。他们将会在体育活动中感受到运动的快乐，在艺术创作中寻找美的灵感，在团队合作中学习沟通与协作。这些都是学习的过程，也是成长的轨迹。在每一次的探索与实践中，孩子们不仅收获了知识，更在团结协作中学会了如何成长、如何与他人和谐共处。初中生活，是一个探索自我、认识世界的旅程，孩子们将在其中遇见更优秀的自己，绽放青春的光芒。

1

"语"你同行，绽放"数"光

语言，是思想的翅膀，是人类沟通的桥梁。数字，则是时代进步的象征，是科技发展的结果。在当今这个信息时代，"语"与"数"的结合，让我们的生活变得更加丰富多彩。无论是语言的传播还是数字的应用，都在不断地推动着社会的发展和进步。我们可以通过语言来传达思想、表达情感，而数字则可以帮助我们更好地理解世界、解决问题。在语言与数字的交融中，我们可以看到人类智慧的结晶，也可以看到科技进步的力量。

> 小李家的孩子刚刚进入初一，小李发现孩子的语文和数学成绩并不理想，这让他十分担忧。因为他明白这两门学科的重要性，知道它们是孩子未来学习和生活的基础。
>
> 对于语文，小李担心孩子阅读理解能力不足，无法准确理解课文的含义和作者的意图。他也发现孩子在写作上存在一些问题，比如表达能力不足，语句组织不清晰等。这让他不免对孩子的语文学习感到忧虑。
>
> 在数学方面，小李同样发现了不少问题。他发现孩子对数学概念的理解不够深入，解题思路不清晰，计算能力也有待提高。他担心这些问题会影响孩子未来的学习和成绩。

当孩子刚进入初中时，您是否也有与小李同样担心的经历呢？其实这是正常的，大多数家长都非常担心孩子对初中各学科学习的适应能力。而部分孩子确实会出现阶段性问题，主要原因就是对小初衔接的认识不够，学习方法也没能及时转变。下面我们来一起聊聊初中语文和数学的特点及学习的方法。

"语"你同行——语文

1. 初中语文学科特点

初中语文与小学语文学科特点不同主要体现在以下几个方面。

首先，知识内容上，初中语文的学科内容更为深入和广泛，涵盖了文学、历史、文化等多个领域，需要学生具备更强的阅读理解能力和表达能力。而小学学科则以基础知识和基本技能为主，如拼音、识字、造句等。

其次，学习要求上，初中语文更注重学生的综合素养和思维能力，要求学生能够独立思考、分析问题、表达观点。而小学学科则更注重学生的基础知识和基本技能的掌握。

最后，教学方法上，初中语文更加强调学生的自主学习和合作学习，通过阅读、写作、讨论等方式来提高学生的语文素养。而小学学科则更注重教师的指导和学生的模仿，通过课堂教学和练习来巩固学生的基础知识。

因此，在初中的语文学习中，学生需要不断提高自己的阅读理解能力、思维能力和表达能力，以适应更加深入和广泛的学习内容。

2. 语文学法建议

• **激发兴趣**：家长可以通过与孩子一起阅读、观看优秀影视作品等方式，激发孩子对语文学习的兴趣。同时，鼓励孩子参加学校组织的朗诵、演讲等活动，增强其语文学习的自信心。

• **基础训练**：家长应督促孩子掌握课本基础知识，如字、词、句型等。通过每天的练习和复习，巩固所学知识。

• **阅读理解**：培养孩子的阅读理解能力是语文学习的关键。家长可以引导孩子学会从文章中提取信息，理解文章主旨，提高阅读速度和准确性。

• **写作练习**：家长可以鼓励孩子多写日记、周记等，培养其写作习惯。同时，指导孩子学会如何审题、立意、选材和谋篇布局。

绽放"数"光——数学

1. 初中数学学科特点

初中数学与小学数学存在显著差异。

首先，在内容深度上，初中数学难度较小学有所增加，不仅涉及算数和几何的基本概念，更增加了函数、代数式、不等式等更为复杂的数学知识。在思维逻辑方面，初中数学的思维层次和深度明显提高，要求学生在理解和运用上更进一步。

其次，从学习方式来看，小学数学以记忆和理解基础概念为主，而初中数学则需要学生学会推理、分析以及解决实际问题的方法。

最后，在小学阶段，以个人任务完成为主，而在初中阶段则需要更多的合作和探讨。同时，初中阶段的作业和测试的题型也更为多样化。

综上，初中数学不仅需要更深的数学知识储备，也要求学生在思维方式和学习能力上有所提升。因此，学生需要适应这种变化，以更好地应对初中数学的挑战。

2. 数学学法建议

• **建立信心**：家长应鼓励孩子树立学好数学的信心，告诉他们数学在日常生活和未来学习中的重要性。

• **基础知识**：家长需关注孩子对数学基础知识的掌握情况，如运算、公式等。通过反复练习，巩固基础知识。

• **思维训练**：数学不仅仅是计算，更是思维能力的训练。家长可以引导孩子学会用数学思维解决问题，培养其逻辑思维和空间想象能力。

• **错题整理**：鼓励孩子建立错题本，采取多种颜色笔对重点进行标注，特别是解题思路。定期复习错题，分析错误原因并总结做题思路方法。

• **练习与拓展**：适当增加练习量，同时注意难度的逐步提升。此外，可以引导孩子参加数学竞赛等活动，拓宽数学视野。

• **重视书写规范**：理科的思维养成非常关键,规范的书写过程体现解题的思路,有助于理科思维的形成，同时规范的书写也是考试中阅卷得分的关键。

3.综合方法

- **制订计划**：家长应与孩子一起制订学习计划，合理安排时间，确保语文和数学的学习时间得到充分保障。

- **督促与鼓励**：家长要督促孩子按时完成学习任务，同时给予其充分的鼓励和支持，增强其学习动力。

- **家校沟通**：家长应与教师保持密切联系，了解孩子在学校的学习情况，共同制订有效的教育方案。

- **培养习惯**：良好的学习习惯对孩子的学业发展至关重要。家长应引导孩子养成良好的作息、阅读、写作和思考习惯。

初一新生面临的学习挑战需要家长和学校的共同努力克服。通过以上指导案例和方法，家长可以帮助孩子更好地适应初中学习生活，提高语文和数学的学习效果。同时，家长要关注孩子的全面发展，培养其综合素质，为其未来的学习和生活打下坚实的基础。

2

"英"材施教，"语"众不同

随着全球化的推进，英语作为国际交流的通用语言，其重要性日益凸显。初中是学生学习英语的关键阶段，有效的学习方法能帮助学生更有效地学习英语知识，提升其应用能力。

英语学科的重要性

近年来，随着教育的普及和国际化的趋势，英语学科的重要性愈发凸显。然而，在孩子刚进入初一的阶段，有些家长就发现自己的孩子在学习英语学科上遇到挑战。

小明同学刚刚升入初一，最近家长发现他的英语成绩不理想，与班上其他同学相比有一定的差距。在家长的询问下，小明表达了自己在学习英语中遇到的困难，由于英语单词记不住，英语课上根本听不懂老师在讲什么，特别是不理解英语语法，对英语逐渐不感兴趣，甚至出现厌学的情况。孩子的父母非常焦虑，小明平时是一个性格开朗的孩子，也比较爱讲话，语文和数学成绩都很好，但学习英语却非常吃力，父母不知道用怎样的方法才能帮助孩子。

首先，初一的英语学习内容相较于小学阶段更为复杂，词汇量增加，语法知识也更加深入。小明同学可能还没有适应这种学习节奏和难度。其次，可能缺乏有效的学习方法，每个孩子特点不同，因此学习英语的方法也是不同的。此外，家庭环境也可能对小明的学习产生一定影响，如家长缺乏有效的辅导和鼓励等。

因材施教是英语教育中的重要理念，即针对不同特点的个体，制订个性化的教学方案。这种教育方式能够更好地发挥学生的优势，提高其学习效率和学习效果。同时，英语教育也应该注重语言的多样性，尊重不同语言和文化背景下的表达方式，让学生在学习英语的同时，了解和欣赏其他语言和文化的魅力。因此，我们应该重视英语，坚持因材施教的理念，同时注重语言的多样性，为培养具有国际视野和跨文化交际能力的人才打下坚实的基础。

初中英语的学法建议

初中英语与小学学科学法存在显著差异。首先，初中英语的词汇量明显增加，需要学生更主动地学习和记忆单词，提升独立学习的能力。其次，学科知识体系更加深入，要求学生具备一定的逻辑思维和推理能力，这需要学生采取更加系统的学习方法和策略。而小学阶段，学习方法相对简单直观，注重基础知识的学习和积累。进入初中后，学生需要从被动接受知识转向主动探索和思考，学会归纳总结和举一反三。因此，在初中阶段，学生应更加注重培养自主学习、合作学习和探究学习的能力，掌握有效的学习方法和策略，如背诵、默写、复述、朗读等，以提高学习效率和成绩。

虽然初中与小学的学科学习方法有所不同，但也有一定的持续性，因此，需逐步培养和发展学生的综合学习能力。

英语学法建议

1. 学习原则

• 在初中的英语学习中，学生需要培养自己的阅读理解能力，通过大量的阅读来提高自己的语感和理解能力。同时，写作能力的提升也是重要的一环，学生需要多写、多练，尝试运用所学知识进行表达和创作。此外，学生还可以通过参加英语角、听英语歌曲、看英语电影等活动来提高自己的听力和口语表达能力。

• 在学科学习策略上，初中学生应更加注重归纳总结和反思，及时整理学习笔记，巩固所学知识。同时，要合理规划学习时间，分配好各科目的学习任务，提高学习效率。此外，与同学和老师进行交流和讨论也是非常重要的，这有助于学生更好地理解和掌握知识。

• 在初中英语学习的过程中，学生还应该培养对不同语境的适应能力。这要求他们能够理解和运用不同场景下的英语表达方式，如学校、家庭、社交场合等。此外，学生还需要了解和学习英语文化，包括风俗习惯、社交礼仪等，这有助于他们更好地理解和运用英语。

• 在学科学习过程中，学生应该逐渐形成自己的学习风格和策略。这包括选择适合自己的学习方法和工具，如使用学习软件、参加线上课程等。同时，学生应该根据自己的学习情况和成绩反馈，不断调整和优化自己的学习策略，以实现更好的学习效果。

2. 学习方法

• 听力训练法

①精听与泛听相结合：精听是指对听力材料进行逐句分析，理解其内容；泛听则是对整篇材料进行把握，培养语感。学生应根据学习目标选择合适的听力材料，进行精听与泛听的结合训练。

②听写练习：听写是提高听力的一种有效方法。学生通过听写练习，既能提高听力水平，又能锻炼书写能力。

• 口语练习法

①模仿练习：学生通过模仿地道的英语发音和语调，提高自己的口语表达能力。

②情景对话：学生可以与同学或老师进行英语对话练习，模拟真实情景，提高口语应用能力。

• 阅读理解法

①略读与精读相结合：略读是为了快速了解文章大意，精读则是为了深入理解文章细节。学生通过略读与精读的结合，提高阅读效率和理解能力。

②扩大词汇量：学生应通过阅读、背诵等方式，不断扩大自己的词汇量，提高阅读理解能力。

• 写作训练法

①仿写练习：学生通过仿写英语短文，锻炼自己的写作能力，掌握基本的写作技巧。

②日记写作：学生可以每天写一篇英语日记，记录自己的生活和学习情况，提高英语写作水平。

• 记忆方法与技巧

①联想记忆法：将所学知识与生活中的事物相联系，形成联想记忆。例如，将单词与实物、场景相联系，便于记忆。

②归类记忆法：将相似的知识点进行归类，形成知识网络。这样可以帮助学生在记忆时建立联系，提高记忆效果。

③重复记忆法：通过反复练习和复习，巩固所学知识。学生在学习过程中应注重及时复习和定期复习，以巩固记忆。

④制作思维导图：将所学知识以图形方式呈现，有助于学生更好地理解和记忆。

3. 学习策略

· 制订学习计划

学生应制订合理的学习计划，合理安排学习时间。在制订学习计划时，学生应考虑自己的学习习惯、学习效率等因素，合理安排每天的学习任务。同时，要养成良好的时间管理习惯，避免拖延症，确保学习计划的顺利实施。

· 积极参与课堂活动

学生应积极参与课堂活动，如小组讨论、角色扮演等，提高自己的英语应用能力。

· 利用多媒体资源

学生应充分利用多媒体资源，如英语歌曲、电影等，提高学习兴趣和学习效果。

· 定期自我评估：学生应定期对自己的学习情况进行自我评估，发现问题及时调整学习方法，提高学习效率。

初中英语学科的学习方法多种多样，家长应帮助学生根据自己的实际情况选择合适的学习方法。通过明确学习目标、掌握基础知识、多听多说、阅读训练与写作练习相结合、运用记忆方法与技巧、制订学习计划与时间管理、积极参与课堂活动与互动以及总结与反思等方法，学生可以更好地掌握英语知识，提高英语学习能力。

3

自主自立， 向上向善

踏入初中的大门，对于每一位学生来说都是人生中的一个重要转折点。这个阶段，不仅意味着学业难度的提升，更是性格塑造、习惯养成的关键时期。作为新时代的初中生，我们不仅要追求知识的广博与深入，更要注重个人品质的锤炼，其中，自主自立与向上向善的品质尤为重要。

近期，不少初一新生的家长反映，孩子进入初中后，面临学业压力增大和自我管理要求提高的问题，孩子的自主自立性普遍显得不足。这其中，小赵的家长也向我们反映了他们的担忧。小赵是一名刚上初一的学生，平时在家习惯依赖父母，缺乏自主安排学习和生活的能力。

小赵的家长发现，自从孩子进入初中后，不仅学业成绩有所下滑，连日常生活的管理也显得力不从心。在家中，小赵常常需要家长的提醒和督促才能完成一些基本的生活和学习任务，甚至还顶撞父母，叛逆心理严重。他在学校的表现也令人担忧，经常忘记带课本、作业不按时完成，甚至在集体活动中还缺乏团队协作精神，这让小赵父母在培养孩子自主自立习惯方面非常困惑，无从下手。

要解决小赵的问题首先要让他认识到自主自立的重要性，学会培养自主自立的方法，然后家校配合共同培养孩子的自主自立能力，进而让学生树立目标，培养向上向善的精神品质，健康积极地成长。

认识自主自立的重要性

1. 自主：掌控自我，主宰未来

自主，即自我主导、自我管理。在初中阶段，随着学习任务的加重和社交圈的扩大，我们须学会合理安排时间、制订学习计划、独立完成作业等。这不仅能提高学习效率，还能培养我们的责任感和自律精神。更重要的是，自主能力的增强将使我们能够更好地应对

未来的挑战，无论是在学业上还是在生活中，都能保持积极向上的态度，勇敢地追求自己的梦想。

2. 自立：独立生活，勇于担当

自立，则是指能够独立完成日常生活和学习中的各项任务，不依赖他人。在初中，我们开始逐渐脱离父母的全方位照顾，学会自己整理房间、洗衣做饭、管理财务等。这些看似琐碎的小事，实则是我们走向独立的重要一步。通过培养自立能力，我们不仅能提升生活技能，更能提升解决问题的能力和面对困难的勇气。在未来的道路上，无论遇到何种挑战，我们都能自信地站出来，承担起应有的责任。

培养自主自立习惯的策略

1 设定明确目标，制订合理计划

首先，我们需要为自己设定清晰、可达成的目标。这些目标可以是学业上的，如提高某一科目的成绩；也可以是生活上的，如学会一项新技能。有了目标之后，再根据实际情况制订详细的计划，包括每天的学习时间、复习内容、锻炼时间等。通过计划的执行，我们可以逐步养成自我管理的习惯，提高自主能力。

2. 积极参与家务，锻炼生活技能

家务劳动是锻炼自立能力的重要途径。我们可以主动承担一些力所能及的家务事，如打扫房间、洗碗做饭等。这些活动不仅能让我们学会基本的生活技能，还能增强我们的责任感和家庭归属感。同时，通过参与家务劳动，我们能更好地理解父母的辛苦和付出，从而更加珍惜现在的生活。

培养向上向善品质的途径

1. 树立正确的价值观

价值观是我们行动的指南和动力源泉。在初中阶段，我们要树立正确的价值观，明确自己的追求和信仰。要认识到学习不仅是为了个人的前途和利益，更是为了社会的进步和发展。同时，我们要尊重他人、关爱社会、积极参与公益活动等，用实际行动践行社会主义核心价值观。

2. 保持积极乐观的心态

面对生活和学习中的压力和挑战时，我们要保持积极乐观的心态。可以通过运动、听音乐、阅读等方式来放松心情、缓解压力。同时，我们要学会从失败中汲取教训、从挫折中寻找机遇。只有保持积极乐观的心态，我们才能在逆境中不断成长、不断进步。

3. 积极参与社会实践，增强社会责任感

社会实践是锻炼我们向上向善品质的重要途径。我们可以利用假期或课余时间参加志愿服务、社区活动等社会实践活动。通过这些活动，我们可以更深入地了解社会、认识社会、服务社会。

家校合作，共同促进

1. 家长的支持与引导

家长是孩子成长道路上的重要引路人。在孩子养成自主自立习惯和向上向善品质的过程中，家长应给予充分的支持和鼓励。可以通过与孩子沟通交流、共同制订计划、参与孩子的学习和生活等方式来引导孩子逐步走向独立和成熟。同时，家长要以身作则、言传身教，给孩子传递正能量和正确的价值观。

2. 学校的引导与教育

学校是孩子学习知识和培养品质的重要场所。在初中阶段，学校应加强对学生的自主自立教育和品德教育。可以通过开设相关课程、举办主题活动、开展社会实践等方式来引导学生树立正确的价值观、培养自主自立能力和向上向善品质。同时，学校要加强与家长的沟通与合作，共同为学生的全面发展创造良好的环境和条件。

初中时期是人生中一个充满机遇和挑战的阶段。在这个阶段里，我们不仅要努力学习知识、提升能力，更要注重个人品质的锤炼和习惯的养成。相信只要我们坚持不懈地努力下去，就一定能够成为一个独立自主、积极向上、有责任感的优秀少年！

（本章作者：周贵龙）

第四章　青春萌动　不懵懂

青春期是孩子最彷徨无助的时期。作家麦家曾说过："青春期是一种危险，可以上天也可以入地，可以是一把刀也可以是一朵鲜花。我们作为家长，只有一种选择，就是帮助孩子变成一朵花，抹平尖锐的地方，帮助他们度过最摇摆不定、定时炸弹的这样一个阶段。"

1

正确认识自己，悦纳自己

 李老师，这日子没法过了！那天我正在忙着做饭，儿子从学校回来，我习惯性地问了一句："今天学校怎么样？"他就火了："天天问，你烦不烦啊，我的事你能不能别管！"然后"砰"的一声，把自己关在房间里，我愣在原地，心里五味杂陈，我只是关心他，想和他聊聊天，没想到会惹他生气。他以前不是这样的，小时候多乖啊，现在怎么变得这么敏感，这么容易发火？请李老师帮忙和娃沟通沟通，孩子比较听老师的话。

当孩子进入青春期，我们会发现他们越来越不愿意接受我们的管教了。在这个阶段，孩子的身心发生了巨大的变化，他们开始追求独立和自主，对家长的限制和指导也产生了抵触情绪，表现出各种叛逆的行为。

实际上，所谓的"管孩子"，并不是管理孩子，其实更多时候是在烦孩子。在这个阶段，家长不能固步自封。孩子在成长，家长也要与孩子一起成长。下面给大家列举了青春期孩子的特点，帮助孩子和家长们快速了解。

Tips
青春期孩子的特点

☐ 12 至 15 岁的孩子，自我意识高涨，希望父母把他们当大人。这个阶段，最重要的是帮助他们了解自我，并成为可随时扮演支持角色的"盟友"。

☐ 青春期孩子的大脑前额叶开始成熟，自控力慢慢提升，他们懂得反省，也会通过学习来认识自己的各种能力。

☐ 该阶段的孩子有特殊的"自我中心思考"，有种全世界的人都在看他们的错觉，可能长一颗痘痘就不想去上学，非常在意他人眼光。

☐ 青春期的孩子开始学习如何跟朋友培养深厚的友谊，如何能愉快地融入团体中，如何找到一个舒服的位置自处。

面对青春期的孩子，很多时候考验的是父母的耐心、细心和智慧，在这个阶段，孩子能依靠的只有我们，家才是他们永远的避风港湾，父母才是他们最信任最可靠的人。

有智慧的"管理"

1. 青春期的学生

• **关注身体变化**：青春期伴随着身体的快速成长和性特征的发育。初中生应该正视这些变化，了解它们是正常的生理过程，并学会照顾自己的身体，比如保持良好的饮食习惯和适当的运动。

• **认识情感波动**：青春期往往伴随着情感的起伏和波动。初中生应该学会识别和理解自己的情感，接受它们作为成长的一部分，并学会通过健康的方式表达和管理情感，比如与朋友交流、进行放松活动或寻求专业帮助。

• **培养自我认同感**：在青春期，初中生开始形成自己的价值观和兴趣。他们应该积极探索自己的喜好和才能，发展个人特长，并逐渐建立自己的身份认同。同时，要学会尊重他人的差异和多样性。

• **接纳不完美**：每个人都有自己的优点和不足。初中生应该学会接纳自己的不完美，不要苛求自己。认识到成长是一个持续的过程，重要的是不断努力和进步，而不是追求完美。

• **寻求支持**：在青春期，初中生可能会面临各种挑战和困惑。他们应该学会向家人、朋友或老师寻求支持，分享自己的感受和困惑。同时，可以考虑参加学校的心理辅导或咨询，以获得更专业的指导和帮助。

2. 青春期学生的家长

• **尊重孩子，平等对待**：尊重孩子、平等相待是构建良好亲子关系的基石。这意味着，家长不能以爱之名对孩子实施过度控制，而应给予孩子充分的尊重，尊重他们的想法、感受与选择，让他们在自由且充满尊重的氛围中茁壮成长。当孩子感受到父母在给予其平等和尊重时，也就是在无形中给予他"自由"和"空间"。这是青春期孩子最需要的。

• **信任孩子，让他做主**：明说底线，这是原则不能碰，在孩子和父母袒露心声时，孩子是愿意听父母建议的，这时父母要实施引导，大胆支持孩子去做。当父母让孩子自己做主时，他就会思考面前有哪些选择，并对它们进行一番权衡，再做出决定，最后再执行。让孩子做主其实就是在锻炼孩子的大脑，让他们学会进行自我管理，是培养自制力的重要途径之一。

• **不断肯定、鼓励孩子**：心理学家苏珊·福沃德博士在《中毒的父母》中写道："没有一个孩子愿意承认自己比别人差，他们希望得到成人的肯定，他们对自己的认识也往往来源于成人的评价。经常遭受父母打击的人，常常容易自卑，并且会陷入自我怀疑和自我否定的情绪中不能自拔，严重时还会患上心理疾病，导致许多极端行为。"打击与比较，就像是定时炸弹，一次又一次摧毁孩子的信心，渐渐地孩子们也开始认为自己一无是处，当他们的内心开始自我攻击时，也就开始自卑了。

父母必须关注孩子的努力，为孩子托底，哪怕遭遇全世界的白眼，父母依然可以把孩子视若珍宝，人前人后夸奖他、背后支持他，这就是父母的角色！做到了，就算孩子跌落人生的谷底，也依然可以焕发出巨大的能量，无所畏惧，勇往直前！

2

青春期挑战：走出叛逆的困境

我的事不要你管！你总是自以为是，总是按照你的想法来安排我的生活，我已经长大了，我有自己的想法和选择！你知不知道这样让我很压抑？不想理你了。

你已经初一了，还经常和我们吵架，一天到晚就知道玩游戏，还跟一帮社会青年待在一起。

让你写作业不写，还想用杯子砸我，这辈子最大的错误就是生了你！

亲爱的家长朋友们，类似的情形你是否经历过？我们能感受到这位妈妈的崩溃和后悔，孩子到了青春期，你会发现原本乖巧懂事的小宝贝消失不见了，取而代之的是敏感、固执、一说就炸的毛孩子。小时候越是乖巧听话，这时候越是叛逆，好像随时揭竿而起，和父母处处对抗。爸妈们每天都在斗智斗勇，确实很累！

为了保持对孩子的控制，有的父母更加严厉地管教孩子，可这无疑会导致孩子越来越叛逆，严重的会导致亲子关系破裂。这时候，父母才后悔莫及，可是也会很无奈地想：孩子你得管教呀，管都成这样子，不管他得成啥样呀！

这个特殊时期，以前用过的教育方法基本都不管用了。要是你还用管小学生的方法，去管青春期的孩子，可能就会跟前面那个妈妈一样，气到怀疑人生。我们只有先调整自己、改变自己，才能帮到孩子。

青春期宛如孩子成长途中的一场迷雾风暴，是最易滋生打架、叛逆、厌学等问题的特殊阶段。在这个时期，他们的大脑尚未完全搭建成熟，情绪的列车常常脱轨失控。他们的内心变得如易碎的琉璃般敏感、脆弱，自控力也仿佛断了线的风筝，摇摇欲坠。面对大人的教导与要求，他们就像叛逆的小兽，凡事都要反着来，与大人"唱起对台戏"。青春期的孩子出现这种情况的原因是多方面的，主要包括生理变化、心理变化、家庭环境以及社会压力等原因。以下是对这些原因的详细分析：

1. 生理变化

青春期是人体发育的一个重要阶段，初中生的身体发生了一系列显著的变化，如荷尔蒙水平的改变和生殖系统的发育。这些生理变化往往伴随着情绪波动、易怒和反抗行为，使得初中生在这个阶段更容易表现出叛逆的态度。

2. 心理变化

• **自我意识的增强**：随着年龄的增长和生活经验的积累，初中生的自我意识逐渐增强。他们开始形成自己的想法、价值观和信仰，并渴望得到他人的认可和尊重。这种对独立和自主的渴望可能导致他们与父母或监护人产生冲突。

• **内心受挫**：部分初中生的自尊心较强，总希望得到家长、老师和同学的重视和赏识。如果长期内心受挫，这些需求无法被满足，他们可能会通过叛逆行为来寻求关注或表达不满。

3. 家庭环境

• **专制或溺爱**：家长过于专制或溺爱都可能使孩子产生叛逆心理。专制的教育方式可能使孩子感到压抑和不满，而溺爱则可能让孩子变得任性和自私。

• **沟通不畅**：家庭成员之间缺乏有效的沟通也可能导致叛逆行为的出现。如果父母不了解孩子的想法和需求，或者孩子不愿意与父母交流，那么双方之间的误解和隔阂可能逐渐加深。

4. 社会压力

初中生在青春期还可能面临来自同龄人的社会压力。他们可能追求与同龄人相同的行为和风格，以获得认可和归属感。这种压力可能促使他们作出一些不理智的决定或行为，如逃学、早恋等。

做青春期孩子的父母，很难，但迈过去，就是成长与蜕变。下面给大家分享一些和青春期孩子相处的方法，希望能帮助家长缓解亲子关系。

走出叛逆的困境

1. 要肯定叛逆是孩子成长的表现

当家长面对孩子叛逆、不听话、不配合、拒绝沟通等状况时，切勿将孩子的叛逆视为对自己权威的公然挑战。事实上，叛逆是孩子生理逐渐成熟、认知能力显著提升以及自我同一性稳步发展的自然结果，它是孩子成长进程中的显著标志，从某种意义上说，是一件值得欣慰的好事，至少预示着成长的新起点已然开启。

面对孩子那些看似"不守规矩"的行为，家长不应盲目否定，而要对孩子勇于自我探索、尝试突破的积极表现给予充分肯定与鼓励。当孩子感受到来自父母的认可与支持时，或许就能以更平和的心态面对成长中的困惑，叛逆情绪也会随之逐渐消解。

2. 要以叛逆为契机及时调整教养角色和方式

叛逆，其实从侧面反映出孩子正逐步走向成熟，迈入了成长的全新阶段。此时，家长需要敏锐地察觉到这一变化，及时调整自己的教养角色，从过去在孩子成长过程中起主导作用的教育者，转变为默默陪伴孩子成长的同行者。

陪伴，意味着将孩子置于成长的核心位置，父母则退居到非主导的辅助地位；意味着给予孩子一种无声却坚定的支持与认同，构建起一种平等且亲密的朋友关系。当青春期的孩子出现叛逆行为时，这不仅是提醒家长要及时转变教养角色，更是在暗示家长，前期家庭教育中可能存在一些需要改进的地方，这是家长调整教养方式的关键契机。心理学研究明确指出，权威型教养方式对于解决青春期孩子面临的问题以及塑造他们健全的人格最为有利。不过，在制定这些规则以及做出重要决定时，家长会充分考虑孩子的需求和想法，耐心倾听并真诚接受孩子的意见。同时，家长还会向孩子解释制定规则的原因，让孩子明白为何需要遵守这些要求。

3. 要了解孩子的叛逆类型，对症下药

青春期是孩子成长的关键阶段，在此期间，孩子的叛逆行为较为常见，主要可归纳为以下三种类型：

暴躁型叛逆

这类孩子情绪反应激烈，对父母、老师提出的要求会进行剧烈反抗。在情绪极度激动时，他们还会选择与父母冷战，拒绝和父母进行任何交流，用这种极端的方式来表达内心的不满与抗拒。面对这类孩子，父母切忌硬碰硬，不妨先让双方的情绪冷静下来，再以平和、理性的态度与孩子沟通。

沉默型叛逆

处于这种叛逆状态的孩子，往往将自己封闭起来，不愿与大人沟通。对于父母苦口婆心的教导和询问，他们常常没有任何回应。在学校里，他们也不喜欢和老师接触，总是刻意避开与老师的交流。对于沉默型的孩子，父母要有足够的耐心，给予他们充足的

时间和空间，等待他们慢慢敞开心扉。同时，要尝试用温和、亲切的方式与孩子交流，让他们感受到父母的关爱与尊重。

阳奉阴违型叛逆

这类孩子表面上十分乖巧听话，当着大人的面，他们会毫不犹豫地赞成大人提出的要求。然而，一旦脱离了大人的视线，他们的行为表现就会与之前截然相反。父母无论说什么，他们都只是表面答应，实际上却依旧按照自己的想法我行我素，根本不把大人的话放在心上。对待阳奉阴违的孩子，父母要以真诚相待，用实际行动让孩子感受到父母的真心，而不是空洞的说教。只有孩子真正信任父母，才会愿意改变自己的行为。

4. 把耳朵关上，把心打开，让交流变得简单

在面对青春期孩子时，父母总是格外紧张，生怕孩子走错一步，所以孩子越要自主，父母越是要干涉。比如在家安装监控，随时随地观察孩子动向；偷看孩子日记本，查看手机记录，探寻其中不对的"苗头"，将其扑灭于萌芽之中。殊不知，青春期孩子自我意识增强，他们急于维护自己的主权，守护自己的领地。父母若无视孩子竖起的边界，强行越界，不但压制不了孩子，反而会两败俱伤，得不偿失。所以亲爱的家长朋友们，请尝试放下对孩子的控制，尊重孩子的隐私，青春期孩子才会收起自己的"刺"。

青春期孩子想要自己掌控人生，想要自己"说了算"。他们渴望自主，也渴望自由和信任。有句话说："青春期孩子的悲剧，很大原因不是父母爱得不够多，而是沟通的方式错了。"少唠叨，多做饭；少说教，多陪伴，我们才能敲开青春期孩子的心门。

亲密有间，爱而有度。对青春期孩子最好的爱，就是放手，让他以自己的方式去成长。青春期，是孩子走向成人的分水岭，他们需要父母的放手来成全自己的独立。若父母看不到他们想要"分离""的内心需求，仍事事包办控制，只会让他们痛苦不堪。

正如《正面管教》一书中写道的：赢得十几岁孩子的最好方法，是以和善、坚定、尊重的态度，先和他们站在一边。尊重与理解，等待和接纳，就是青春期孩子的出路和救赎。别用耳朵去听，用心去"听"青春期的孩子，才能感同身受。

所以，请多一点耐心和信心，给孩子自由和尊重，宽容和信任，接纳和成全。赢得孩子的心，我们才能陪伴孩子度过青春期，迈向更好的未来。

3

青春期困境：如何应对孩子摆烂问题

 初一已经过了一大半，你还是浑浑噩噩，不思进取。不爱学习，厌学情绪浓，作业不是应付，就是频繁出错。

 知道了，知道了，一天从早说到晚，你也不嫌累。

 好好学习，自觉自律，都是一个学生的本分，你怎么就那么费劲？为什么没写完物理卷子，就在看手机？

 没有为什么，就是累了，不想写了。

 就你现在这样，不念书你将来能干什么啊！

 去做网红，去当超市收银员，去流浪，不行吗？我以后想怎么过跟你无关，我不再为你学习了，你想管也管不了。

很多青春期孩子出现厌学、摆烂、躺平等问题，不是因为家长不管孩子，而是因为家长太想管孩子、太希望孩子变好了。亲爱的家长朋友们你们中招了吗？

孩子厌学、摆烂、躺平的背后是青春期在作祟，在这段时期，大脑中大约有 1000 亿个神经细胞成熟，这一变化的直接结果，就是青少年的反应速度加快，更加敏感了；但大脑中负责控制情绪的"杏仁核"，却发育得较慢，这就导致了孩子们控制不了情绪，容易"喜怒无常"。

很多时候，孩子并非故意胡闹，而是根本控制不了自己。这个时期的孩子，"自我意识"觉醒，更注重"自我关注"。他们有了自己的想法，不想再依赖父母，拒绝做那个"乖孩子"。除此之外，他可能在学业上遇到了一些困难，但由于种种原因没有及时得到解决，挫败感和焦虑情绪逐渐累积。我们看到的，是孩子脾气大了，不听话了；看不到的，是他们的身心正在经历一场成长的"海啸"。

作为父母，需要适时调整自己的教育方式，给予孩子更多的支持和理解，才能帮助孩子们走向成熟和成功的道路。

做"三不"的家长

1. 不增加孩子的负面情绪

那些一回家就把房门关上的孩子，他们关的不只是房门，也是心门，尤其是那些在家里完全不愿和父母交流的孩子。他们已经陷入低谷，封闭自己。什么是负面能量？比如恐惧、内疚、羞愧。当孩子处于人生低谷时，他们最需要的是被理解。曾经有个孩子对我说，她觉得自从上学以来，妈妈从来没有笑过，总是皱着眉头、叹气，她觉得非常羞愧和内疚。你看，不只是语言，家长的身体动作和情绪也会对孩子产生影响。所以，一个爱笑的妈妈一定会有一个快乐的孩子。

2. 不说伤害孩子自尊的话

什么是伤害自尊的话？比如谴责、当众批评、比较等。"你看看你，怎么总是不努力？你这样让我们脸都丢光了，不能像别的孩子一样吗？整天就知道玩，玩能当饭吃吗？"家长以为是在用激将法刺激孩子，但孩子只会从中产生"我不够好"的自我否定。

3. 不批判孩子的人格

"你天天就知道玩手机，我看你就是个废物，做作业都要我提醒。"一旦把孩子的行为上升到人格层面，孩子的自我价值感就会遭到严重打击。

家长们必做的事情就是无条件地接纳孩子。孩子取得进步时，恭喜他；孩子做不到时，鼓励他，而不是泼冷水。

4. 放下控制欲

很多时候家长们总是希望孩子按照我们的期望去做事情，但这样只会让孩子感到压力。当家长们开始尝试放手，给予孩子更多自主权，培养孩子的自我管理能力，让孩子自己管理自己的时间和学习计划。告诉孩子，我们相信他有能力管理好自己的学习和生活。不再每天监督她的学习进度，而是给孩子更多自由。告诉孩子可以自己规划学习时间，只要保证完成作业和复习即可，其余时间可以自由支配。这样的改变会让你的孩子感到意外，同时会让他感受到你的信任和支持。

5. 放下过高的期待

大部分家长对孩子的期待可能过高了。家长总是希望自己的孩子能够在各个方面都做到最好，但这种期待可能让其产生了压力。这时就需要你调整自己的态度，接纳孩子的真实能力，并给予孩子合理的期待和目标。告诉孩子，我们并不要求他事事都做到完美，只希望他能够按照自己的节奏前进。不过分批评他的错误，而是鼓励他从失败中汲取经验。相信他只要尽力了，就已经足够好了。

6. 培养健康的生活方式

- **规律作息**：保证充足的睡眠和规律的作息时间，有助于身心健康。

- **均衡饮食**：注重饮食的均衡和营养，多吃新鲜的蔬菜、水果，保持身体健康。

- **适量运动**：参加体育锻炼，释放压力，增强体质，舒缓心情。

7. 参与社会实践与志愿服务

- **社会实践**：利用假期或课余时间参与社会实践活动，了解社会、增长见识。

- **志愿服务**：参与志愿服务活动，培养社会责任感和奉献精神。

- **结交良师益友**：在社会实践中结交志同道合的朋友和导师，从他们身上学习经验和智慧。

8. 寻求专业帮助

- **心理咨询**：如果孩子产生严重的心理问题，如过度焦虑、严重抑郁等，家长应及时关注并向专业心理咨询师寻求帮助，如咨询学校心理老师、专业心理咨询机构或医疗机构等，获取专业的评估和建议。

- **家庭教育培训**：家长可以参加相关的教育培训课程，提升自己的育儿能力和心理健康知识水平。通过学习专业的育儿知识和方法，更好地理解和支持孩子的成长需求。

（本章作者：朱闪闪）

第五章　做有智慧的父母

亲爱的家长，您是否发现，自家那位初中生总被手机的"隐形引力"牵动心神？作息如散落的拼图碎片，沟通时仿佛隔着薄雾，而挫折面前又像未展翅的雏鸟？别担心，让我们一起化身智慧向导，用科学方法与温暖共情，陪孩子拾起成长的拼图，更从容地飞向远方！

1

手机管理，有勇有谋

在家庭教育中，规则的建立如同培养一株双生藤——既要给予支撑的框架，也要保留生长的温度。

刘爸爸

您好，我是一位初一学生的家长。最近我家孩子好像被手机施了魔法，完全沉浸其中无法自拔。吃饭、睡觉、做作业，手机都不离手。他的笑容越来越少，也不再愿意跟我们分享他的生活和感受。我们尝试了很多办法，但都没有效果。有没有哪位家长遇到过类似的情况，有什么好的建议吗？

刘爸爸，您好！我理解您的担忧。我家孩子之前也有类似的问题。我可以分享一下我的经验。

智慧父母

刘爸爸

太好了，非常感谢！

首先，我们不妨与孩子共同绘制手机使用契约，明确规范手机使用的时段、禁用场景以及违约责任。这种将刚性边界包裹在柔软对话中的方式，既延续了家庭教育的严肃内核，又让规则化作亲子共同书写的成长日记。

手机使用协议

协议目的：

通过明确权责并促进亲子间的信任与有效沟通，帮助孩子建立健康的电子产品使用习惯，以平衡学习与娱乐，从而保障其身心健康发展并预防网络成瘾及视力问题。

一、甲方（孩子）的责任与权利

责任：

1. 学习时段使用规范

* 手机仅用于查阅资料、网课等学习用途，使用需在乙方监管下进行。

* 优先完成当日作业（如班级群打卡任务），晚上 _____ 后禁止使用电子设备完成作业（紧急情况需提前申请）。

---

2. 设备管理

不私藏、借用他人手机或第二部设备，每日睡前主动上交设备至乙方。

3. 内容自律

不浏览不良信息、不参与网络暴力、不泄露个人隐私，禁止网恋或过度社交。

权利：

1. 自由使用时间

* 每周享有累计 _____ 小时自由使用时间。

* 可分段使用，单次连续使用不超过 _____ 分钟。

2. 自主选择权

* 在规定时间内，可自主安排娱乐内容。

* 若对协议条款有异议，可提出协商修订。

二、乙方（家长）的责任与权利

责任：

1. 设备保管与监督

* 妥善保管设备，每日检查使用记录（如屏幕使用时间、浏览历史），但需提前告知甲方。

* 学习时段避免干扰（如大声看电视、刷手机），为孩子提供安静环境。

2. 沟通与支持

* 每周与孩子进行一次"电子设备使用复盘"，以倾听为主，不批判指责。

* 协助孩子解决网络使用中的问题（如筛选学习资源、应对网络欺凌）。

权利：

1. 紧急处置权

发现甲方违反协议（如超时、浏览不良内容），可暂停其当日使用权，并启动沟通机制。

2. 弹性调整权

遇特殊情况，可协商临时调整使用时长。

三、共同约定与执行机制

1. 奖惩制度

* 连续一周遵守协议，奖励额外 _____ 分钟自由时间或家庭活动一次。

* 违规处理：首次口头提醒，第二次扣除次日 50% 自由时间，第三次启动家庭会议协商解决方案。

2. 健康管理

* 每日使用设备时需保持环境光线充足，每 20 分钟远眺放松眼睛。

* 睡前 1 小时禁用电子设备，建议阅读纸质书或亲子互动。

3. 协议修订

每学期末共同评估协议执行效果，根据成长需求调整条款。

甲方签字：　　　　　　　　乙方签字：

公证人：　　　　　　　　　签署日期：

备注：

1. 本协议一式两份，甲乙双方各执一份，公证人留存备份。

2. 未尽事宜以家庭会议协商结果为准，需尊重孩子合理诉求。

另外，我们还可以尝试设立"手机休息日"，每月选定一天全家暂停使用手机等电子设备，共同参与户外活动或家庭游戏。初期孩子或有不适，但当他们沉浸于自然观察或亲子互动时，将会发现：脱离屏幕的时光，是增进家庭情感联系的黄金机会。

手机休息日计划			
活动项目	活动内容	时间安排	注意事项
家庭会议	讨论并确定手机休息日的具体日期和规则	前一天晚上	鼓励家庭成员发表意见并达成共识
收集手机	在手机休息日开始前收集所有家庭成员的手机	手机休息日开始前	设定一个安全的地方存放手机
户外活动	安排家庭成员共同参与的户外活动	上　午	选择适合所有家庭成员的活动如徒步、骑自行车等
家庭游戏	准备几款桌面游戏或组织体育活动	下　午	选择可以多人参与的游戏，增加互动性
共享晚餐	一起准备晚餐并在餐桌上交流	晚餐时间	鼓励大家分享当天的感受和经历
家庭时光	安排一段安静的阅读时间或一起观看家庭电影	晚　上	确保内容适合所有年龄段的家庭成员

注意事项

• **提前规划**：确保所有的家庭成员都知道手机休息日的安排，并且同意参与。

• **灵活调整**：如果遇到特殊情况需要使用手机，可以灵活处理，但尽量减少这种情况的发生。

• **正面鼓励**：对家庭成员在手机休息日的表现给予正面的鼓励和反馈。

• **记录感受**：可以让每个人记录手机休息日的感受和体会，以便之后参考。

最后，作为家长，我们不仅是规则的共同制定者，更是行动的示范者。请尝试：放下手机，成为"在场"的陪伴者——用餐时设立"无手机时段"，散步时共享自然的馈赠；打开经验之窗——与孩子分享自己如何用手机高效工作而非消磨时光。身教胜于言传，当屏幕的微光让位于眼神的交汇，我们便在点滴中为孩子浇筑了理性与自律的基石。

2

健康作息，张弛有度

亲爱的家长，新学期即将来临，对于刚刚步入初中一年级的孩子们来说，这是一个新的开始，孩子们又踏上了新的旅程。在这个成长的关键时期，保持健康的生活习惯尤为重要。那么如何帮助孩子们建立"张弛有度"的生活习惯，让他们在学习与休息之间找到平衡呢？下面让我们来探讨一下。

相比于小学，初中一年级的课程增加，学习难度加大。孩子们需要花费更多时间和精力去适应新环境、掌握新知识，这可能导致他们在课后作业上耗费大量时间，进而影响作息。

同时，初一的孩子正处于青春期，身体和心理都在发生着变化。他们可能会对自己的形象、社交等方面更加关注，容易产生情绪波动，这些都会影响他们的作息规律。

如果家庭中父母的作息不规律，或者对孩子的作息没有明确的要求和监督，孩子也很难养成良好的作息习惯。

如何应对

1. 制订合理的作息时间表

与孩子协商，结合学校课程安排、作业及孩子个人兴趣，制定科学合理的作息计划。优先保障每日充足的睡眠，明确划分学习、运动、休闲时段，并预留弹性时间应对突发任务。通过规律作息帮助孩子建立时间观念，同时避免过度疲劳，实现劳逸平衡，促进身心健康发展。

2. 创造良好的学习环境

为孩子打造良好的学习环境需兼顾功能与习惯培养。首先，在家中布置独立书桌和护眼台灯，确保光线柔和充足；桌面仅保留与学习相关的文具和资料，减少干扰。其次，引导孩子每日学习后花 5 分钟整理书桌：分类收纳书籍、清理杂物，保持空间整洁有序。这种环境既能提升孩子的专注力与效率，又能通过日常整理逐步培养孩子的责任感和自我管理意识，为长期学习奠定基础。

3. 培养孩子的时间管理能力

•教孩子学会使用时间管理工具，如番茄钟。将学习时间分成每段 25 分钟，每段学习时间之间休息 5 分钟，提高孩子的专注力和学习效率。

•帮助孩子制订任务清单，将每天的学习任务和活动按照重要性和紧急程度进行排序，优先完成相对重要的任务。

•让孩子记录自己每天计划完成的情况，定期回顾，分析自己阶段性的得与失。

整理书桌

时间管理的本质
不是管理时间，而是管理自己

3

有效沟通，关键对话

沟通是心灵之间的桥梁。

—— 奥维德

在孩子的成长过程中，父母的角色至关重要。特别是当孩子进入初中阶段，他们面临着更多的挑战，包括学业压力、人际关系等。作为家长，我们不仅需要给予支持，更重要的是学会如何与孩子进行有效的沟通，特别是关键时刻的对话。下面将通过几个生活中的案例，探讨如何更好地与初一的孩子交流，帮助他们在成长道路上更加自信、健康地前行。

倾听的力量

✎ 案例描述

小明最近学习状态不佳，父母发现他放学后总是独自一人闷在房间里。父母尝试询问他，但小明总是回答得很敷衍。一天晚上，妈妈决定坐下来耐心听小明讲述他的烦恼，原来是因为换了一个不太友好的同桌，让他在学校感到很孤单。

💡 "法宝"措施

● **营造安全环境**：告诉孩子无论发生什么，家都是最安全的地方。父母可以这样说："不管遇到什么困难，爸爸妈妈都会在这里支持你。"

● **主动倾听**：不要急于给出建议或批评，先理解孩子的感受。可以用点头或简短的语言回应，如："嗯，我能理解你的感受。"

● **反馈感受**：用语言表达你对孩子的理解和支持，比如："你心里一定很委屈吧，被冷落的感觉真的不好受。我理解你的难过，我在这里陪着你。"

表达的技巧

✎ 案例描述

小红在班里被同学误解了，她觉得自己受到了不公平对待，回家后情绪低落。小红告诉妈妈，在班级活动中，她因为一个误会而被指责。她感到非常委屈，不知道该如何向同学解释清楚。妈妈鼓励小红分享自己的经历，并教给她如何清晰表达自己的感受。

💡 "法宝"措施

● 使用"我"语句：例如，"我觉得很委屈，因为我并没有故意做错事。"这样可以减少对方的防御心理。

● 具体描述：详细说明发生了什么，避免含糊不清。"当时，我……"

● 提出请求：告诉别人你希望他们怎么做，而不是抱怨他们的错误。"我希望你能相信我，下次发生类似的事情时，我们能坐下来谈谈。"

共同解决问题

✏️ 案例描述

小华遇到了学习上的难题，他觉得数学越来越难，不想继续学下去。爸爸没有直接给出答案，而是和小华一起探讨可能的解决方案。

💡 "法宝"措施

● 设定目标：明确问题并设定短期和长期的目标。"这学期我们三周打基础，期中冲中段，期末赢勋章，敢不敢挑战？"

● 探索资源：寻找额外的学习资源。"我们可以一起找一些有趣的线上学习视频，或者专项突破的书籍资料。"

● 定期检查进度：设立固定的时间点来评估进展情况，并调整策略。"每周日晚上，我们一起回顾一下这周学的内容，看看有没有进步。"

有效沟通不仅仅是说话的艺术，更是理解和尊重的艺术。当我们学会了如何有效地与孩子交流时，就能建立起一座坚实的心灵之桥，帮助他们克服成长过程中的种种困难。记住，每个孩子都是独一无二的个体，他们需要的是一个愿意倾听、理解和支持他们的家长。让我们共同努力，成为孩子们生命中最坚实的后盾吧！

4

韧性教育，走近幸福

生命中最伟大的光辉不在于永不坠落，而在于坠落后总能再度升起。

—— 曼德拉

每个孩子都像一颗种子，既需要阳光雨露的滋养，也注定要经历风雨的考验。韧性教育，正是帮助孩子在逆境中积蓄成长的力量：在挫折赋能中，学会把跌倒的痛楚转化为攀登的阶梯；通过延迟满足，逐渐修炼出掌控欲望的定力；借助智慧导航，建立起破解困境的思维罗盘；运用情绪调频，持续调节内心的能量平衡；最终在向阳而生的淬炼中，锻造出不可摧折的生命韧性。今天，我们将通过具体的生活案例，探寻如何用这五把钥匙，为孩子打开通往幸福成长的路径。

挫折赋能：淬炼跌倒处的生长力

在成长的道路上，挫折是不可避免的。它如同种子破土时遭遇的坚硬岩层，虽然过程艰辛，却能让幼苗的根系在对抗中积蓄穿透黑暗的力量。作为家长，我们应当如何引导孩子正确面对挫折，从中淬炼生长力呢？不妨试一试鼓励孩子参与体验挫败感的活动或游戏。

✏ 案例描述

想象一下，周末的午后，您带着孩子参加了一场户外拓展活动。活动中有一项"攀岩挑战"，对于从未尝试过攀岩的孩子来说，这无疑是一项充满挑战的任务。起初，孩子可能因为害怕失败而犹豫不决，但您在一旁鼓励他："试试看吧，无论结果如何，你都是最勇敢的。"在您的鼓励下，孩子鼓起勇气，开始尝试。虽然过程中多次跌倒，但他没有放弃，最终在您的指导和自己的努力下，成功登顶。这一刻，孩子不仅体验到了成功的喜悦，更重要的是，学会了如何在挫折中坚持，如何在失败中寻找希望。

📋 家长策略

● 选择适合孩子年龄和兴趣的挑战性活动，如户外拓展、体育竞赛、科学小实验等。

- 在孩子参与活动前，给予孩子积极的心理暗示，让孩子以积极的心态面对挑战。
- 活动中，关注孩子的情绪变化，及时给予鼓励和支持，帮助他们树立自信心。

延迟满足：培育自律的果实

✎ 案例描述

在日常生活中，您可以与孩子一起制订一个"储蓄计划"。比如，您和孩子约定，每周完成一定数量的家务或学习任务后，可以获得一定数量的零花钱作为奖励。但这些零花钱不能立即花掉，而是需要存入一个"梦想储蓄罐"中。当储蓄罐里的钱达到一定的数额时，孩子就可以用这些钱去实现自己的一个小梦想，比如购买心仪已久的书籍、玩具或参加一次特别的旅行。这个过程中，孩子需要学会等待和忍耐，从而培养起延迟满足感的能力。

▤ 家长策略

- 与孩子共同制订明确的目标和计划，让他们明白努力与回报之间的关系。
- 鼓励孩子将零花钱或其他奖励用于实现长期目标，而不是即时消费。
- 在孩子实现目标时，给予充分的肯定和奖励，增强他们的成就感和自信心。

智慧导航：构建解决问题的思维

✎ 案例描述

当孩子在学习上遇到难题时，比如一道复杂的数学题或是一篇难以理解的阅读文章，您不要急于给出答案或批评他们。相反，您可以引导他们一起分析问题、寻找解决方案。比如，对于数学题，您可以先让孩子尝试用自己的方法解答，然后与他们一起讨论解题思路和可能的错误点。在阅读文章时，您可以引导孩子注意文章的结构、关键词汇和作者的观点等要素，帮助他们更好地理解文章内容。

▤ 家长策略

- 培养孩子的独立思考能力，鼓励他们尝试自己解决问题。
- 当孩子遇到困难时，不要直接给出答案或批评他们，而是引导他们分析问题、制订解决方案。

● 教会孩子使用思维导图、笔记整理等学习方法，提高学习效率和质量。

情绪调频：修炼能量平衡术

情绪管理是每个人都需要掌握的重要技能之一，对于正处于青春期初期的初一学生来说尤其重要。学会管理情绪不仅有助于他们的身心健康，还能提高他们的学习效率和人际关系质量。

1. 调节情绪与寻找快乐

✎ 案例描述

当孩子因为某件事情感到愤怒或沮丧时，我们可以教他们一些情绪调节的技巧。比如深呼吸、冥想、运动或者找一个信任的人倾诉。同时，我们可以鼓励孩子去发现生活中的小确幸，比如欣赏一朵盛开的花、听一首喜欢的歌、与朋友分享一个笑话等，这些都能帮助他们缓解压力、调节心情。

📑 家长策略

● 教会孩子识别和表达自己的情绪，让他们了解自己的情绪状态。

● 提供多种情绪调节的方法供孩子选择，并鼓励他们尝试适合自己的方式。

● 鼓励孩子培养兴趣爱好和乐观心态，从生活中寻找快乐和满足感。

2. 发挥负面情绪的积极作用

✎ 案例描述

虽然负面情绪通常被视为不好的东西，但实际上它们也有其积极作用。比如愤怒可以激发我们的斗志和勇气去面对不公；悲伤可以让我们更加珍惜眼前的幸福和美好。作为家长，我们可以引导孩子认识到负面情绪的两面性，并教会他们如何将其转化为积极的动力。

📑 家长策略

● 引导孩子正视负面情绪的存在，不要逃避或压抑它们。

● 教会孩子分析负面情绪产生的原因和背后的需求，从而找到解决问题的方法。

● 鼓励孩子将负面情绪转化为积极的行动和改变的力量，比如通过努力学习和锻炼来提升自己的能力和自信心。

法宝工具

　　情绪能量瓶，顾名思义，是将情绪以可视化的形式装入瓶子，每个瓶子代表一种或一类情绪。这种创意源于对儿童心理学的研究和热情，旨在通过具象化的方式帮助人们，特别是儿童和青少年，更好地识别、表达和管理自己的情绪。父母可以引导孩子创建"情绪能量瓶日志"，帮助孩子记录和追踪孩子每天或每周的情绪变化。

情绪能量瓶日志							
日期	快乐	平静	悲伤	愤怒	焦虑	兴奋	备注
							今天天气很好，和朋友一起出去散步了

表格使用说明：

快乐、平静、悲伤、愤怒、焦虑、兴奋：代表不同的情绪状态，可以通过瓶子的数量来表示当天感受到这种情绪的程度，瓶子越多表示感受越强烈。

备注：用于记录当天发生的一些特别的事情或对情绪状态的额外说明。

　　父母和孩子可以根据需要调整此表格，比如添加或删除某些情绪类别，或者增加更多的信息列（如睡眠质量、饮食情况等），以便更全面地追踪和了解孩子的情绪状态。

向阳而生：锻造心理强韧度

　　乐观的心态如同阳光般温暖人心，它能让我们在逆境中看到希望，在挑战中找到机遇。作为家长，我们应当如何帮助孩子保持乐观的心态呢？

1. 积极与消极心态认知

✏️ 案例描述

周末晚上，您与孩子一起观看了一场电影。电影中的主人公在遭遇一系列挫折后，依然保持乐观的心态，最终成功克服了困难。观影结束后，您可以与孩子一起讨论电影中的人物形象和情节，引导他们认识到积极心态的重要性。同时，您可以分享一些自己或身边人的经历，让孩子看到积极心态如何帮助人们战胜困难、迎接挑战。

📋 家长策略

- 通过故事、电影、书籍等媒介向孩子传递积极的心态观念。
- 鼓励孩子关注生活中的美好事物，培养他们的感恩之心和积极情感。
- 当孩子遇到挫折时，引导他们从积极的角度去看待问题，寻找解决方案。

2.ABC 理论下的积极心态构建

ABC 理论是由美国心理学家阿尔伯特·艾利斯提出的情绪 ABC 理论，即激发事件 A（Activating Event）只是引发情绪和行为后果 C（Consequence）的间接原因，而直接原因则是个体对激发事件 A 的认知和评价而产生的信念 B（Belief），即人们的情绪和行为并非直接由外部事件所决定，而是由他们对这些事件的解释和信念所影响。通过改变这些解释和信念，我们可以调整自己的情绪和行为反应，如图所示。

ABC 理论图示

✏️ 案例描述

假设孩子在一次数学作业中表现不理想，感到沮丧和失望（C）。作为家长，我们可以运用ABC 理论来帮助孩子调整心态。首先，我们认识到数学作业表现（A）是一个事实，但孩子的情绪反应（C）并非由这个事实直接决定，而是由他对这个事实的解释和信念（B）所影响。

接下来，我们可以与孩子一起探讨他的信念。可能孩子的信念是："我数学不好，我永远也学不好它。"这种消极的信念自然会引发负面情绪。然后，我们可以引导孩子重新审视这个信念，提出更积极、更合理的解释。比如："这次作业我没发挥好，可能是因为我没有充分准备或者对某些知识点掌握不够牢固。但是，这并不代表我数学不好，也不代表我永远学不好它。只要我继续努力，找到问题所在并加以改进，下次一定能取得突破。"

家长策略

- 引导孩子识别并消除消极信念，用更积极的解释鼓励他们。
- 鼓励孩子从失败中汲取教训，将注意力集中在如何改进和提高能力上，而不是过分关注结果。
- 强调过程的重要性，让孩子明白成功往往需要多次尝试和不懈努力。

通过运用 ABC 理论，我们可以帮助孩子建立更加积极、健康的心态，让他们在面对挫折和失败时更加坚韧不拔、勇往直前。

韧性教育并不是为孩子扫平所有障碍，而是教会他们穿越风雨的生存智慧：当跌倒时，学会把伤口变成扎根土壤的力量；在等待中，懂得用耐心浇灌未来的果实；遇难题时，练就寻找破局路线的眼力；被情绪困住时，掌握调节内心天气的本领；最终在成长的年轮里，刻下越挫越勇的生命密码。

我们不必永远撑伞保护孩子，而要做智慧的引路人：下雨时教他们辨认哪片云会先放晴，迷路时带他们发现藏在石头下的路标，受伤时帮他们找到自愈的草药。

因为每个孩子心里都有一颗太阳的种子，我们要做的，只是用信任的土壤包裹它，用理解的雨水滋润它，然后静静等待，看嫩芽如何自己顶开石块，在风雨里长成谁也预料不到的挺拔模样。

（本章作者：刘小芳）

第二部分

初二

第六章　迎接学习生活的变化

俗话说"初一不分上下，初二两极分化，初三天上地下"。这句在中学家长圈口耳相传的俗语，道破了初中阶段最关键的分水岭密码。初二作为承上启下的关键学年，既是巩固初一基础的"攻坚期"，更是迎战初三挑战的"奠基期"，其独特的衔接价值与转折意义，恰似建筑工程中承托上层重量的关键承重柱。当初二的钟声悄然敲响，站在这个知识难度跃升、心理格局重塑的新起点，如何用科学规划为孩子搭建平稳过渡的阶梯呢？

1

生理变化，朝气蓬勃

青春期是孩子生长发育的第二个高峰期，不仅伴随着身高突增、器官发育等显著身体变化，更经历着心理世界的深刻重构——情绪如潮汐般起伏波动，自我意识如破土新芽般日益觉醒，在生理与心理的双重蜕变中，书写着成长的独特韵律。

身体外形的变化

1. 身高快速增长

初二学生的身高增长速度明显加快，许多孩子会发现自己在这一阶段突然长高了许多，可能在短短几个月内就长高了几厘米甚至十几厘米。身高的增长是青春期发育的一个重要标志，孩子们的身体比例逐渐接近成年人。

2. 体重增加

随着身体的生长发育，体重也会相应增加。这一时期，孩子们的食欲可能会变得更加旺盛，身体需要更多的营养来支持生长，体重每年也可增加 5～6 公斤。体重的增加通常是身体各个器官和组织发育的结果，如骨骼的加粗、肌肉的增长等。但也要注意保持合理的饮食习惯和运动时间，避免过度肥胖。

3. 第二性征出现

男生会出现喉结突出、声音变粗、长出胡须等特征，标志着男生开始向成年男性转变。女生则会出现乳房发育、月经初潮等变化。月经初潮是女生青春期的一个重要特征，标志着生殖系统的逐渐成熟。

身体内部器官的发育

1. 神经系统进一步发育

初二孩子的大脑发育进入一个关键时期，思维能力和记忆力不断提高。大脑就像一台高速运转的计算机，能够快速处理各种信息，进行复杂的思考和分析。神经系统的发育使得孩子们对周围的事物更加敏感，情感也更加丰富。

2. 心脏和肺功能增强

心脏的跳动更加有力，为身体提供充足的血液和氧气；肺的容量也在增大，呼吸更加深沉，能够更好地满足身体对氧气的需求。此阶段，孩子的体力与耐力显著提升，可适当参与强度更高的体育活动。

3. 生殖系统成熟

生殖系统的成熟标志着孩子们具备了生育能力，家长需及时引导孩子正确认知身体变化，树立健康性观念。随着性意识觉醒，无论是男孩还是女孩都会真切面对两性问题，对异性的兴趣与日俱增，也更注重外貌仪表。家长应洞悉性成熟给孩子带来的心理压力与转变，及时给予必要的教育引导。

生理变化带来的影响

1. 心理变化

生理上的变化往往会带来心理上的波动。孩子可能会对自己的身体变化感到好奇、困惑或不安。例如，女生可能会因为生理期而感到紧张和害羞，男生可能会对自己的喉结和声音变化感到不适应。这时候，家长和老师需要给予正确的引导和关心，帮助孩子了解青春期的生理和心理知识，树立自信，平稳度过这一时期。

2. 社交行为变化

生理上的变化也会影响孩子们的社交行为。例如，男生可能会更加注重自己的形象和地位，表现出更多的竞争意识；女生可能会更加关注自己的外貌和情感，与同伴之间的交流也会更加密切。同时，孩子们也开始对异性产生好奇和好感，这是正常的心理现象。但要学会正确处理与异性的关系，与异性保持适当的距离，避免早恋等问题的发生。

2

青春懵懂， 情绪起伏

初二阶段学生正处于青春期发展关键期，其心理发展呈现显著变化，表现为：叛逆倾向凸显、情绪调节能力薄弱、外界环境易感性增强，伴随学业成绩分化加剧、违规行为频次上升等适应性问题，同时，部分个体可能出现不同程度的心理功能失调。

羽羽妈妈

　　我家儿子从小表现优秀，心地善良，尊敬师长，成绩优异，老师经常表扬他。我一直以为他会这样成长下去，但从初二开始，他像变了个人：作业拖拉，成绩下滑，经常违反校规，还不听家人劝导。每次面对他的学习问题或老师的反馈，我都想心平气和地沟通，但他无所谓的态度和敌对情绪让交流困难，亲子关系也越来越紧张，家里始终弥漫着争吵的氛围。
　　我既苦恼如何改善亲子关系，又担心影响他的学习和成长，不知如何是好。

思涵妈妈

　　我家女儿从前活泼开朗，懂事可爱，放学后总爱和我分享校园趣事，我们无话不谈。但自从上初二后，她话变少了，早上起床后在洗手间磨蹭半天，衣服换来换去，头发梳好几遍才满意，耽误时间。老师也反馈她在学校打瞌睡，成绩下降严重。我试图和她心平气和地沟通，但她要么不理人，要么对我和她爸发脾气，沟通总是失败。

　　两位妈妈，我非常理解你们的心情，但同时我们也要尝试去理解孩子。处于这一时期的孩子有时候也有一些压力和烦恼，或许也不知道怎么表达出来，我们可以学习一些沟通的方法，尽量不与孩子产生激烈的冲突，耐心陪伴他们度过这个阶段。

李老师

　　亲爱的家长，我们本以为孩子长大了会变得更懂事，但在教育的过程中可能很多家长发现并非如此。您可能在跟孩子沟通不畅时就归因于孩子进入了青春期、叛逆期，不听话了，但实际上您可能并不十分了解自己的孩子正在独立与成长。您可以结合以下表格的内容多方面了解孩子的变化：

主要的心理与情绪变化	表现1	表现2	表现3
自我意识增强	注重外表：孩子会更加在意自己的穿着打扮、发型等，希望通过外在形象来展现自己的个性和魅力。	独立思考：有了更多自己的想法和观点，不再轻易接受他人的意见，对事物开始有独立的判断和思考。例如，在讨论一些社会问题或学校活动时，孩子可能会提出与老师、家长不同的看法。	自尊心强：常在意他人对自己的评价，一旦被批评或被否定，可能会产生强烈的情绪反应。
情绪波动变大	喜怒无常：初二学生的情绪可能会在短时间内发生剧烈变化，一会儿兴高采烈，一会儿又情绪低落。这可能是生理变化、学业压力以及人际关系等多种因素引起的。比如，在考试取得好成绩时会兴奋不已，但如果与他人发生矛盾，可能会陷入沮丧情绪中。	叛逆心理：开始对家长和老师的权威产生质疑，表现出一定的叛逆行为。孩子可能会故意与家长、老师对着干，以显示自己的独立性。例如，家长要求孩子早点回家，孩子可能会故意晚归，以表达自己的不满。	敏感多疑：对他人的言行举止非常敏感，容易误解和猜疑他人。比如，同学之间的一句玩笑话，可能会被误认为在针对自己，从而引发矛盾和冲突。
学业压力带来的情绪变化	焦虑：随着学业难度的增加，初二学生面临着更大的学习压力，可能会出现焦虑情绪。孩子会担心考试成绩不好、作业做不完等，从而影响学习效率和心理健康。	挫折感：在学习过程中，如果遇到困难和挫折，可能会产生挫折感。比如，努力学习后成绩仍然没有提高，可能会让孩子感到失望和无助。	竞争意识增强：开始更加关注自己的成绩，与同学之间的竞争也会更加激烈。这种竞争意识可能会给孩子带来动力，但也可能让孩子感到压力过大。
人际关系变化	同伴关系的重要性：初二学生更加注重与同伴之间的关系，朋友在他们的生活中扮演着越来越重要的角色。孩子会花更多的时间与朋友在一起，分享彼此的喜怒哀乐。	异性交往的困惑：对异性开始产生好奇和好感，但又不知道如何正确处理与异性的关系。可能会出现暗恋、早恋等情况，这也会给孩子带来一些情绪上的困扰。	与家长、老师的冲突：由于自我意识的增强和叛逆心理的出现，初二学生与家长、老师之间的矛盾和冲突也会增多。孩子可能会觉得家长和老师不理解自己，而家长和老师则可能会认为孩子变得不听话了。

相处方法

- **定期家庭会议**：设立固定时间，让家庭成员分享自己的想法和感受，讨论并解决家庭问题。

- **共同制订家庭规则**：与孩子一起制订家庭规则，这样孩子更容易接受和遵守家庭规则。

- **学习情绪管理**：通过书籍、网络等方式，学习和使用情绪管理技巧，避免在情绪激动时作出冲动的决定或说出伤人的言语。

- **建立信任**：通过日常的关爱和支持，建立和维护亲子之间的信任关系，尽量少发生亲子冲突。

- **家庭便笺（信件）**：通过便笺或信件，委婉地表达对事情的看法，引导孩子吐露心声、抚慰孩子的负面情绪，向孩子表达歉意并自我批评等。

- **家庭微信群**：家庭成员共同创建家庭微信群，并可通过群聊商议事务，让孩子参与家庭决策并尊重其意见，日常以平等口吻在群内与孩子交流。

3

知识加量，挑战升级

初二是什么? 有人说它是需紧握信念绳索攀登的高山, 有人说它是载着理想远航的帆船, 也有人视其为干燥枯荒的沙漠或寂静无聊的谷地。作为初中阶段的分水岭, 初二学生成绩开始显著分化; 学习能力强的学生稳步领跑, 部分学生则逐渐掉队, 成绩呈现明显落差。

一则来自初中生的留言

初一上学期时因为爸爸妈妈工作的原因我转来这所学校, 刚来时我在班上成绩不算突出, 后来靠着自己的努力, 在初一结束时我的成绩已经相当优秀了, 也有一点小骄傲。我也坚信初二只要努力也一定能学会、学好。在初一升初二的那个暑假里, 我几乎没有花时间再来拓展学习, 也没有提前看书预习初二要学的新学科——物理。

初二开学后, 刚开始学习觉得也还好, 可渐渐地我发现自己的作业正确率越来越低, 上课时我感觉自己逐渐听不懂了, 对数学、物理学科产生了较大的畏难情绪, 也开始在课堂上不受控制地打瞌睡, 无论自己和老师如何想办法也没有克服物理严重偏科的问题。

看着自己现在越来越糟糕的成绩, 除了焦虑外, 我无比后悔当初没有提前做好初二的学习准备, 最终要为自己的骄傲自满付出代价, 希望自己的成绩还能有救……

对初中生而言, 初二是关键转折点。学习上, 各学科知识重难点在这一年集中涌现, 新学科物理因种种"江湖传言"呈现复杂态势: 初一成绩优异者易低估其难度, 基础薄弱者则可能因初接触便望而却步。

知识量增大

1. 学科内容深化

语文: 文言文的难度增加, 篇幅更长, 要求理解的深度也更高。现代文阅读的题型更加多样化，对分析和归纳能力有更高要求。作文的要求也进一步提高，不仅要语言流畅、内容丰富，还需要更深刻的主题和独特的视角。

数学：几何部分的知识更加复杂，涉及更多的图形性质和证明方法。代数方面，函数的概念开始深入学习，一次函数、反比例函数等成为重点内容。

英语：词汇量大幅增加，语法知识更加系统和复杂。阅读理解的篇幅和难度增加，对写作的要求也有所提高。

物理：新学科的加入，带来全新的知识领域。从简单的物理现象入手，逐渐深入学习力学、光学、热学等知识，培养逻辑思维和实验探究能力。

2. 学习进度加快

课程安排更加紧凑，老师的教学进度加快，需要学生更快地适应新的学习节奏。作业量也会相应增加，不仅要完成书面作业，还可能有实验报告、课外阅读等任务。这要求学生学会合理安排时间，提高学习效率。

学科准备

为了让孩子们提前对初二的学习生活有一个正确的认知，假期应该提前对各学科有所准备：

1. 语文——多读与多写

语文的读写影响是很大的，多读课外书，在读书的同时誊抄好的词语、句子、段落等，要"广积粮"而不必"深挖坑"。多练笔写日记，把平时观察到的有新意的景、物、人、事都用笔记下来，思考整理后写成周记或日记，日积月累，写作的素材就多了，综合能力也就跟上了。

2. 数学——思考与计算

初一的学习主要集中在代数上，对学生综合思维能力要求较低。到了初二，分式、根式等运算对学生的综合思维能力提出了新要求。另外，不少学生在学习函数部分时感觉知识抽象，难以理解，实际上函数这一部分要求学生对变化的数有整体趋势的把握，也是一种新的思维要求。

学生在假期中应加强思考与计算。初中数学对于绝大多数人来说，只要老师一讲都能听懂，也能理解方法。一旦自己动手做题，总会磕磕绊绊，思路不顺畅、计算不准确都是最终结果出错的重要原因。而要丢掉老师这把"拐杖"独立行走，必然要花时间自己独立思考、总结方法、仔细计算。

3. 英语——听、说、读、写

英语学习的基础离不开对语法和词汇的熟练掌握。在初中阶段，学生应将重心放在打牢基础上，通过系统学习语法规则、积累常用词汇，为后续学习打下坚实的基础。可以通过词汇书、语法练习册等工具书有计划地进行学习。

英语学习涉及听、说、读、写四个方面，全面发展这四项能力对于学好英语至关重要。在平时学习中，除了注重对课本知识的吸收，还要注重英语听力、口语表达、阅读文章以及书面表达等方面的练习，全方位提升自己的语言运用能力。

身临其境是学习语言的最佳方式之一。在学习英语的过程中，创造一个良好的学习环境能够有效提升学习效果。比如可以通过观看英语电影，听英语音乐，参与英语角、英语演讲比赛等方式，让英语成为生活的一部分，加速语言习得的过程。

4. 物理——预习与练习

作为初二新增的学科，初中物理是一门和实验关系十分密切的学科，在学习初中物理知识的过程中，要引导孩子重视实验，注意把所学的物理知识与日常生活、生产中的现象联系起来。

• **注重基础，立足课本**：课本发下来后孩子可以拿起物理课本，通过目录先大致了解一学期的学习内容；课前预习时认真翻阅将要学习的章节内容。在此提醒孩子，学新课时要重视课本的基础概念和例题，做完题目及时回归课本内容，回顾课本与笔记。

• **牢记物理公式**：能记住物理公式不一定会做题，但是，记不住公式肯定不会做题。对于物理公式一定要真正理解，不能出现一知半解或自以为是的现象。对于公式的适用范围、细节要牢记。

• **做例题**：例题都是最简单易懂的题目，通过做例题初步掌握公式的使用方法，多做例题可以提高对公式的理解程度，也能提高自己对公式使用的熟练度。然后就是处理错题，把自己做错的题多看几遍，加深印象。最后就是总结做题思路，也就是一类题目的套路。物理的学习比较有灵活性，但是都离不开对公式的推导和大量的做题。

• **整理错题**：这个方法不单单在物理学科中适用，任何学科都可以用。它是我们复习的法宝。我们可以把平时做的错题集中记在本子上，从错题中反思为什么错，找出原因，总结方法和思路。

• 认真听讲：初中物理无论是新课、实验课，还是习题课、复习课，孩子都要充分利用课堂时间，聚精会神听讲，紧跟老师思路，积极思考，勾画出重点，标注仍不清楚的，或者记录中又产生的新疑问，这样的学习才是高效的。学习是一个过程，只有不断鞭策自己，坚定自己的学习信念，坚持不懈，才能到达"会学"和"学会"的境界。

• 自我督查：习题是巩固、复习是系统、考试是检验。每一次作业、每一次考试，都要认真审题，仔细计算，规范答题；及时订正，不懂就问，学会归纳，一题多解，举一反三，多题归一。

心理准备

1. 制订明确的学习计划

首要任务是制订明确的学习计划。帮助孩子规划每天的学习时间，明确每个科目的学习目标和重点。学习计划可以包括课程复习、作业完成、课外学习等，以确保全面提高学业水平。

2. 培养良好的学习习惯

良好的学习习惯对学业成功至关重要。鼓励孩子每天按时完成作业，养成整理笔记和复习的习惯。同时，确保他们有足够的休息和体育锻炼时间，保持身体和心理健康。

3. 主动参与课堂

在课堂上积极参与是学业进步的关键。要鼓励孩子主动发言，向老师提问，与同学互动。参与课堂可以帮助孩子理解和记忆课程内容，同时培养批判性思维。

4. 制订复习计划

不仅要有学习计划，还要有复习计划。帮助孩子定期回顾已学知识，巩固记忆。复习计划可以包括每周复习、月度复习和期末复习，以确保知识不断积累。在孩子学习的过程中，定期复习和总结是非常重要的。

5. 寻求帮助和指导

鼓励孩子遇到困难或不理解的问题，不要犹豫，积极寻求帮助和指导。可以与同学沟通，或请教老师，专业的指导可以帮助孩子更好地理解和掌握知识。

6. 鼓励自主学习

最后，鼓励孩子阅读扩展材料、参加兴趣小组、追求个人兴趣和爱好，以丰富孩子学业之外的知识，培养他们自主思考和解决问题的能力。

4

初二篇章，扬帆起航

在初二，孩子与家长或许会遭遇一些困难与挑战，但这一年恰恰是孩子初中生活中最为精彩的时光。它褪去了初一的稚嫩懵懂，又尚未有初三的紧张气息，恰似一首节奏明快的青春乐章，在成长的旋律中奏响恰到好处的和弦。

重塑亲子关系

1. 多元评价，摒弃唯分数论

多元智能理论由美国当代著名心理学家、教育学家霍华德·加德纳于1983年在其《智能的结构》一书中首先系统地提出，并在此后多次加以发展。

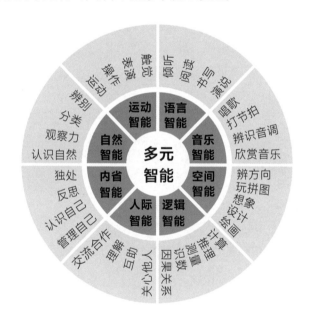

2. 尊重差异，避免盲目比较

小时候，我们常听到父母说："你看看 ×× 家的孩子又考了100分，而你呢？""我们家那孩子总是慢吞吞的，我看是改变不了了。"拿"别人家的孩子"来作比较会挫伤孩子自尊，尤其在青春期，不贴标签、接纳个体差异更为重要。

3. 构建多元评价体系

评价应贯穿成长全程，融合教师、同学、家人等多方反馈，采用分数、等级、评语等多样形式，关注每一次进步与变化。

```
                              多元评价
    ┌──────────────┬──────────────┬──────────────┬──────────────┐
 评价方式多元化    评价内容多元化    评价主体多元化   评价时间贯穿成长始终

   分数          作业完成速度与质量                关注孩子的发展与变化
   等级          课堂表扬与批评      自我反馈        肯定孩子的每次进步
   量化积分       复习计划安排与执行   教师反馈
   评语          课外事件与人际交往   同学、家人反馈
```

善用沟通载体，深化亲子联结

1. 固定家庭时光

父母每周给家庭留出一段特别的时间，这段时间每个人都要参与，共同作出决定，家庭成员一起交流思想观念，进行道德品质教育。可以有家庭晚餐、共同劳作、度假、看电影、公园野餐、爬山等全家聚在一起的时间和共同的活动。

2. 建立一对一专属陪伴

父母还要和孩子建立一对一的时间，在这段时间里，父母要暂时放下自己的兴趣爱好和个人需要，按照孩子喜欢的方式，全身心地和孩子在一起。

3. 共塑家庭核心价值观

家庭文化的核心价值观有助于父母和孩子顺利度过心理剧烈波动的阶段。例如利用每周的家庭时间，每个人提出自己的意见，讨论：希望我们家成为什么样的家庭？我们家什么地方让你觉得很好，哪些地方让你感觉不舒服？你认为我们怎样做才能成为更好的父母？我们家在哪些方面还可以进步？

4. 建立朋友式支持模式

沟通的意义取决于对方的回应、关注孩子成长中的感悟和进步、适时提供帮助，让孩子有更多的选择、帮助孩子成长而非"替代"孩子成长。

立足终身发展，拓展成长边界

1. 参与亲子公益实践

公益活动形式很多，可以捐赠财物、花费时间和精力帮助他人等。父母可以鼓励孩子通过敬老助贫、社区服务等行动传递善意，在实践中培养社会责任感。

2. 启蒙职业生涯规划

结合初二学生抽象思维发展的特点，引导其将自我认知与未来职业相联结，超越单一升学视角。

发展兴趣特长

初二虽然要面临身体、心理、学业上的一些变化与挑战，但这一年也是孩子初中生活最为丰富的一年。学校的各项活动会给孩子提供大量展现自我的机会，家长可鼓励孩子在学习之余继续发展个人的兴趣与特长，积极参加各类活动，在释放学习压力的同时实现自我价值，丰富初中生活，留下难忘的回忆。

在初二的篇章中，让我们扬帆起航。用关心和陪伴书写孩子青春的华章，用智慧和勇气迎接未来的挑战。相信在初二的征程中，孩子们也能够收获满满的成长和进步，驶向成功的彼岸。

（本章作者：张 萍）

第七章　好习惯助力跨越分水岭

初二，是整个初中阶段的分水岭。在这一年，有的同学成绩突飞猛进，有的同学成绩却一降再降。"拖延""粗心""低效""焦虑"这一系列令人头疼的问题伴随着孩子的成长，面对这些问题，如果我们可以找到一些解决的小妙招，一定可以帮助孩子主动养成好习惯，更好地面对初二学段的变化。

1

拖延，试试"三步启动法"

　　亲爱的家长，您是否也遇到过类似的问题呢？到了初二，随着学科增多，不少孩子的学习状态陷入困顿之中，总是拖延，需要家长不停催促。面对孩子的拖延，您是否也无从下手？其实，没有哪个孩子不想成为自律、主动的孩子。想要帮助孩子，我们首先需要知道拖延的背后究竟是什么问题。

　　拖延的原因有很多，具体我们不妨以爬山来做比喻。如果我们想要从 A 点出发，顺利登顶 B 点，那么我们必须面对以下几个问题：

爬山登顶图

①从 A 点开始时，你已经准备好了吗？

②你设置好登山的目的地 B 点了吗？

③你能克服登山中的障碍 C 吗？

④从 A 到 B 你有具体规划吗？

学习就像登山，拖延问题我们可以试着用登山思维来解决。

1. 准备是否充分

"从 A 点开始时，你已经准备好了吗？"

这个问题主要涉及个人准备问题。个人准备包括物品准备和心理准备。

- **物品准备：** 在任务开始前是否准备好了执行任务过程中要用到的所有物品呢？从

学习任务来看，就包括不同颜色的笔、橡皮、作业本、草稿纸、数学工具等物品，也应该清理干净在学习过程中不需要用到的物品，这样可以一定程度上排除干扰。

• **心理准备：** 在任务开始之前先做好心理准备，以高自我效能为基础，避免逃避心理，预计执行任务过程中出现的问题，减轻自我负面评价，保证任务开始时用饱满的热情和积极的态度直面任务。

2.是否有目标感

"你设置好了登山的目的地 B 点了吗？"

这个问题主要是关于任务完成目标的。一些孩子在做作业的时候完全没有目标感，所以一拖再拖。既没有想好什么时间应该完成作业，也没有想好作业要完成到什么程度，更没有理清楚作业质量要达到什么程度。由此看来，我们需要有清晰的自我定位和任务达成目标。

3.能否克服障碍

"你能克服登山中的障碍 C 吗？"

登山过程中会遇到很多障碍，这个障碍不能成功克服自然会导致我们不能顺利登顶。在学习上也是一样的，所遇到的障碍包括：自律性不够、兴趣不够、完美主义倾向、过度焦虑等问题。

• **自律问题：** 自律是人们常常归咎的问题所在。在完成任务过程中，缺乏自律常常表现在没有办法约束自己的行为，或者容易受到外界的诱惑或者干扰。自律是人生基石，人生刚刚起步的时候，我们应当在每一项任务中培养自律。

• **兴趣问题：** 孩子没办法像打球一样对学习富有激情和兴趣，对不喜欢或感到乏味的任务自然会产生拖延心理，倾向于将其推迟到不得不做的时候再行动。趣味性并不能随意改变，它与任务本身和个体本身息息相关。随时保持任务的趣味性不如我们随时保持乐观的心态。

• **同伴问题：** 登山常常需结队，组队的目的在共同体验、互相分享和相互鼓励。如果你的队友总在催促你爬快点。你是否会觉得自己并不像在爬山，反而像生产队的驴，越赶越慢。所以，当我们做作业时要考虑好是否需要同伴，需要同伴的时候，不妨想一想我们需要什么样的同伴。

- **过度焦虑**：爬山是一个需要有氧呼吸的过程，其实做作业也是。完成作业的时候如果心情极度不稳定、过度焦虑，就会影响效率，无法进行规律的"有氧呼吸"。因此，调整情绪就很重要了

- **完美主义倾向**：如果你爬山一直关注自己的步伐漂不漂亮，能否达到运动员的标准，那么多半就危险了。完美主义作祟要么会使你难以开始，要么会让你进程缓慢，自然导致拖延。这样看来，盲目追求完美主义并不是一件好事。

4. 是否有规划

"从 A 到 B 你有具体规划吗？"

这个问题涉及的就是个人规划问题，它包括任务的总体规划和时间规划。

我们会发现没有目标、方向混乱的任务就像一团乱麻，而找到了执行任务的方向和确定完成时间，就会获得一片旷野。所以做作业之前要安排好任务时间，并使用一定的手段控制自己的行为，依次进行自己的任务。

这些问题与拖延在本质上是相似的，都表现为个体在面对任务或责任时不积极的态度和行为，需要采取相应的方法和策略进行干预和纠正。其中不少问题需要转变面对任务的心理态度，学会分解任务，由易到难，树立信心，这是一个漫长且无法一蹴而就的过程。

"三步启动法"

如何有效解决拖延问题呢？其关键就在于指导孩子放弃大脑中的完美计划，快速进入到"行动模式"。也就是让孩子相信"完成"优于"完美，打破拖延的恶性循环。下面，给大家分享一个简单的方法——"三步启动法"。

第一步：聚焦核心任务

每天只确定 1 个重点目标（比如"完成数学作业"），任务较多时，最多不超过 2 个，写在便利贴上，贴在学习区，随时提醒自己。

第二步：2 分钟启动技巧

心理准备：让孩子先闭眼想象任务完成后的场景（如写完作业的轻松感）。通过 2 分钟的想象预热，降低对未知的恐惧，激活大脑的"熟悉感"。

行动启动：从最简单的第一步开始（比如"只打开作业本"）。这点适合重度拖延者，花 2 分钟从最简单的部分做起，消除恐惧，培养成就感。

第三步：任务透明化

当我们面对繁多且富有挑战性的任务时，随时可以按照以下思路分解任务。

果实层（最终目标）：比如"背完 20 个单词"；

枝干层（关键步骤）：拆分成"预习、听写、复习"；

花瓣层（具体动作）：比如"先读第一行单词"。

分解任务后，再逐步解决，帮助树立信心。

亲爱的家长，著名作家史铁生曾说："拖延的最大坏处还不是耽误，而是会使自己变得犹豫，甚至丧失信心。不管什么事，决定了就立刻去做，这本身就能使人生气勃勃，保持一种主动和快乐的心情。"拖延不是懒，而是怕开头。当我们引导孩子学会"三步启动法"，帮助孩子无痛启动，用行动代替焦虑，先完成再完美，一定可以助力他们摆脱拖延困扰，更积极地面对学习中的新挑战！

2

粗心，试试"防错清单法"

这题不是前天才做过吗？怎么还是错了？

唉，我都会做，就是粗心。

亲爱的家长朋友，"粗心"这个话题，可以说陪伴了很多孩子的学习生涯。相信有个句式，大家一定感到亲切无比："要是这里不……（各种粗心），就可以得125分（总之是高分）啦！"很多孩子和家长习惯性认为"粗心"就是一个不可扭转的习惯，进而默认其存在，殊不知小朋友会以此为借口，陷入粗心、畏难的怪圈，难以实现能力的提升。想要破题，还得先了解其背后成因。

先让我们一起来解构一下孩子们在学习中的粗心表现。

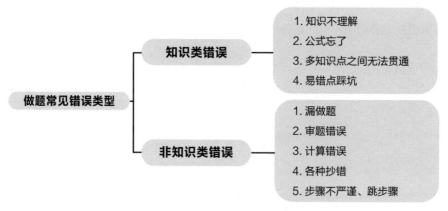

我们发现：同样难度的试卷，有些孩子总能比其他人多拿 10 ～ 15 分。这些分差往往不是因为不会做，而是各种"低级错误"，也就是"非知识性错误"所致。

取高分的孩子并不是比别人优秀多少，而是他们足够细心。那为什么我们提醒孩子细心总是没用呢？因为"细心"太抽象了！就像告诉一个新手司机"小心开车"，却不说要注意红绿灯、保持车距一样。

因此，我们要引导孩子梳理粗心的点，帮助他们逐一解决。

"防错清单法"

1. 找漏洞

整理最近 3 次作业或试卷，用荧光笔标出纯粗心错误（如：计算错、漏题、抄错数等）。

2. 做统计

统计错误类型找出 Top10 高频错题。每一道因粗心做错的题都要分析错因（参考下文的图表）。丢分最多的题目类型就是最需要解决的题目类型。

这样的梳理可以帮助孩子建立"错题"数据库，从而发挥警示作用。

3. 定对策

当找出错误类型后，对照后面的图表一一突破，刻意练习，就能理清思维混乱的局面，逐步消除高频错误，引导孩子将自己能拿的分都拿到。

- **收集信息**——找到错误。
- **分析信息**——分析错因。
- **解决问题**——对症下药。

非知识类错误	漏题	单纯漏题	
		读漏题目要求	示例:2 个题目，只做了 1 个 方法:审题时勾画题干要点和分值，根据要点和分值做题，避免看漏
	审题错误	没有看清题目要求	示例:要求用"/"划去错误答案，结果做成"√"正确答案 方法:读题慢一些，用指读法，画出关键要求点
		读漏题目关键条件	方法:在关键条件前标注符号，如条件 1、条件 2 等
		没有正确理解题意	示例:题目要求仿写句子，但忽略了"仿"，只是"写" 方法:做专门笔记，分类归纳、记忆、避免再次犯错
		新题型	方法:多接触不同题型，学会从出题人角度思考考点，找准题意 方法:提高阅读理解能力

非知识类错误	**计算错误**	**单纯计算错误**	**方法**:书写规范,计算符号清楚,位数对齐后再计算 **方法**:规范使用草稿纸,划分区域,有序记录,避免交叉 **方法**:如有时间,可反向验算以核对结果
		计算符号错误	**示例**:"÷"看成"+",计算时需要反向检查
		数字看错	**示例**:把 69 当成 96 计算,计算时需要反向检查
	各种抄错	**抄错题目**	**示例**:列数式时,把题目中的数字或计算符号抄错,不跳步骤,反向验算
		抄错上下行	**示例**:看错位,写错位置,不跳步骤,反向验算
		抄错答案	**示例**:竖式演算正确,写到横式时抄错,考试结束前 5 分钟,再次检查选择题、填空题答案

　　亲爱的家长朋友,粗心的反面是细心,而细心本身就是一种学习能力,这种能力是可以通过训练形成的,甚至需要我们的刻意练习。改正低级错误不需要多聪明,但需要针对性的训练。只要我们帮孩子找到漏洞,建立"防错清单",逐一击破,他们就能把该拿的分数都拿到!

3

想拿高分，高效复习不可少

亲爱的家长，随着初二学科的增多，你是否注意到孩子们面对考试时的压力，复习内容多、复习时间短、复习压力大，孩子不知从何入手，大人更是不知如何助力。

复习时，一个逻辑清晰、步骤明确的高效复习策略是至关重要的。很多学生平时掌握不错，但是不会复习也往往功亏一篑，不能在大考中一展身手，反而找不到自己的节奏和状态，最后成为被动学习的机器，体会不到成功的喜悦。那我们究竟如何指导孩子高效复习呢？

高效复习

步骤一：明确复习目标

• **列出所有考试科目：**明确需要复习的所有科目。

• **确定考试时间和重点：**了解每个科目的考试时间，以及每个科目中的重点章节和知识点。

步骤二：评估自己的掌握程度

• **自我评估：**对每个科目的掌握程度进行自我评估，了解自己对哪些知识点掌握薄弱。

• **识别重点与难点：**根据评估结果，确定每个科目的复习重点和难点。

步骤三：制订复习计划

• **时间规划：**根据考试时间和个人情况，合理分配复习时间，确保每个科目都能得到足够的关注。

• **优先级排序：**根据掌握程度和重要性，对科目进行优先级排序，优先复习薄弱和重要的科目。

步骤四：执行复习计划

• **系统复习：**按照复习计划，系统地进行知识点的复习，确保每个知识点都能得到巩固。

• **做练习题：**针对每个科目的知识点，做适量的练习题，以检验掌握程度和加深理解。

- **整理错题**：将错题整理到错题本上，分析错误原因，并进行针对性的复习。

步骤五：复习进度与效果检验
- **定期回顾**：定期回顾复习进度，检查是否按计划进行，及时调整复习策略。
- **模拟测试**：进行模拟测试，检验复习效果，找出存在的问题和薄弱环节。

步骤六：调整复习策略
- **针对问题进行调整**：根据模拟测试的结果，针对存在的问题和薄弱环节，调整复习策略。
- **时间再分配**：如果某个科目掌握得较好，可以适当减少该科目的复习时间，将更多时间用于复习薄弱科目。

步骤七：保持身心健康
- **健康饮食与锻炼**：保持健康的饮食习惯和适当的锻炼，有助于提高复习效率。
- **积极心态**：保持积极的心态，相信自己的努力会有回报，遇到困难时及时寻求帮助或调整心态。

遵循以上步骤，孩子可以更有逻辑地进行复习，在考试中取得优异的成绩。

注意： 本复习指南由学生整理，仅供参考。（特别说明：指南中提及的任何教辅资料均属思路展示，与本书作者无关；本书作者不对资料的准确性、适用性负责。）

八年级语文下册
复习指南

4

中考意识，坚持复盘促成长

人生之路漫漫，路途有时平坦，有时艰难，有的人面对坎坷，凯歌前行；有的人面对起伏，心态崩盘。孩子们在成长的路上也是如此，随着初二学年的推进，有的孩子节奏轻快，有的孩子步伐沉重。

想要轻松上阵很简单，关键就在于学会复盘，让自己提前树立中考意识。

什么是复盘？

复盘，这个词汇可能很多人都不陌生，但真正了解并运用到学习中的却不多。简单来说，复盘就是对过去的学习过程进行回顾、总结、反思，以期找到改进的策略。

为什么要复盘？

你可能会问，为什么要花时间去复盘呢？这岂不是浪费时间吗？其实不然。复盘就像是一面镜子，能够让我们清晰地看到自己的学习状态、方法和效果。通过复盘，我们可以找出自己的薄弱环节，找到问题的根源，从而制订更加有效的学习策略。同时，复盘还能帮助我们巩固所学知识，提高学习效率。

如何进行复盘？

在这里，给大家推荐一个"PDCA"复盘法：P-Plan，D-DO，C-Check，A-Act。在计划执行过程中，按照 P-D-C-A-P-D-C-A……这样的顺序一直循环往复。

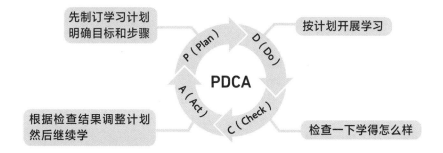

- **计划（Plan）**：设定学习目标，如提高英语听力能力。制订学习计划，包括每日学习时间、学习内容（如观看教学视频、阅读英文文章等）、预期达成的阶段性成果。

- **执行（Do）**：按照计划进行学习，确保每天投入足够的时间进行各项学习活动。在学习过程中，注意记录学习笔记，总结学习心得。

- **检查（Check）**：定期评估学习效果，如通过自我测试、平时作业等方式检验英语听力能力的提升情况。同时，反思学习过程中遇到的问题和困难，以及计划的执行情况。

- **处理（Act）**：根据检查结果调整学习计划。如果学习效果良好，可以继续保持当前的学习策略；如果效果不佳，则需要找出原因，如学习方法不当、时间分配不合理等，并针对性地改进计划。同时，将成功的经验总结下来，作为未来学习的参考。

亲爱的家长朋友们，复盘，是突破学习瓶颈的金钥匙！它不仅是查漏补缺的工具，更是孩子成长的加速器。当孩子学会用复盘来审视自己的学习，他收获的就不仅是分数，更是受益终身的思考方式和解决问题的能力。记住：成功不是偶然，而是每一天的刻意练习和持续改进。相信开启复盘的孩子，已经进入了一场蜕变之旅！

（本章作者：张 丹）

第八章 不断加长"木桶效应"的那块短板

孩子的知识储备如同一只正在组装的木桶，每一块木板都代表一门学科：语文是雕刻精美的木板，英语是带异域风情的木板，体育是坚硬耐磨的木板……但如果角落里总缩着一块矮小干瘪的木板，那么哪怕其他木板再高，整个木桶也无法承受更多的知识总量！其实学习这件事情，"木桶家族"的命运早就写好了剧本，"死磕长板"能让你闪闪发光，"抢救短板"能让你固若金汤。毕竟学习不是单科擂台，而是综合实力的展现！

1

偏科？心态调整需放首位

小华刚入学时语文和英语成绩尚可，但数学明显落后。任课教师发现他课堂专注力不足，便通过随机提问来引导，但他常常答不上来。同学们的热心指正反而加重了他的心理负担，使他逐渐畏惧互动，甚至刻意躲避老师提问。日积月累，数学知识缺口越来越大，又因顾虑他人眼光而不敢主动求教。一年后，原本表现尚可的语文和英语成绩也开始下滑。虽然他曾试图改变，但因见效缓慢而逐渐丧失信心，升入八年级后，他已然默认了自己"跟不上"的现状。

亲爱的家长，不知道你读到此处的时候有何想法？他们为什么会偏科呢？他们自己知不知道自己偏科？我们应当如何帮助他们改变他们偏科的情况？

问题诊断

事实上，初中阶段的孩子普遍尚未形成成熟的心理调控能力。此时，偏科的学生往往因在弱势学科中长期受挫，容易产生自我认同危机。这种挫败感不仅会影响孩子在该学科的学习状态，更会通过心理迁移效应波及其他领域，最终连优势学科也难以幸免。

当学生长期无法改善自己在不擅长学科上的表现状况，就会感觉希望越来越渺茫。再加上，爸妈偶尔无心的话语，老师偶尔的批评，同学对比对他的打击等，都会反复地加剧这种情况，因此，遇到偏科这种情况，首先应调整心态！

没有一个孩子不渴望得到老师鼓励，没有一个孩子来到教室是希望被老师点名后回答不上来问题的！一个人最怕活着没有希望！那些内心充满希望的学生，哪怕是后进生，依然会朝气蓬勃，差一点，落后一点他也不怕！他们相信自己依然可以取得理想的成绩！所以，最重要的是心怀希望！

偏科现象的解决策略

偏科现象表现为相应学科具有明显的短板，孩子又会因为心态的原因使优势学科受到一定负面影响，因此针对偏科现象，我们将重点从调整学生心态的角度，帮助学生克服这一问题。

1. 兴趣差异的深层原因及解决策略

让我们通过两个典型案例来深入剖析这种现象：

王五同学曾明确向我表示对数学课提不起兴趣，当我追问其喜好时，他稍作思索后表示最期待体育课。然而经过后续观察和询问同班同学，却发现了一个耐人寻味的现象：在体育课上，他常常心不在焉地应付老师示范的标准动作，眼神总是不自觉地瞟向场边，显然是在等待随后的自由活动时间。这种表现充分说明，他所向往的并非体育运动本身的技术要领或竞技精神，而是课程中不受约束的自由时光。严格来说，这更像一种对无拘无束状态的向往，而非对体育学科的系统性兴趣。

另一个更具代表性的案例是赵六同学。他坦言数学课容易让自己走神，转而声称对语文课情有独钟。但实际课堂表现却呈现出另一番景象：他总是以极其放松的姿态倚靠在椅背上，时而翻看课文中的故事插图，时而望着窗外出神。更值得注意的是，即便在重点知识讲解环节，他也鲜少主动记录笔记。与其说是热爱语文学科的知识体系，不如说是享受语文课堂相对宽松的氛围，以及课文故事带来的片刻精神愉悦。这种偏好本质上是对舒适体验的本能追求，与真正的学科兴趣存在本质区别。

跟孩子分析兴趣的时候，应该首先了解孩子是不是想要那种完全不克制自己的随心所欲或者仅仅是想要一种松弛感，如果孩子是这种情况的话，则建议先从孩子责任心和意志力的角度着手解决，比如，告诉孩子并不是没有兴趣导致学不好，而是因为学不好才导致没兴趣，如果孩子继续争辩，可以适当与孩子立下奖励性目标，告知孩子把这门学科先学好之后，如果还对数学没兴趣，再支持孩子的其他兴趣。

不成熟的人仅仅做自己喜欢做的事，成熟的人一直在做应该做的事！当然在排除了责任心和意志力的原因后，则需要深入了解学生真实的兴趣，尝试将偏科科目与学生感兴趣的内容相结合，比如孩子喜欢的职业与劣势学科息息相关等，先找到孩子感兴趣的点，让他们看到该学科的实际应用状况和趣味性，组织学科兴趣小组或俱乐部，让学生根据自己感兴趣的领域进行深入学习和探索。通过实践活动、竞赛等形式，让学生感受到学科的魅力和价值，进一步实现由点到面的突破。同时可以尝试给学生设立小目标，让学生逐步体验成功的喜悦。每达成一个小目标，就及时给予鼓励和奖励，增强学生的自信心，激发学生的内在动力。

2. 课堂外辅助孩子提升兴趣的措施

在信息化时代背景下，家长可以充分利用多元化的教育资源促进孩子的全面发展。比如，可以结合孩子的年龄特点和兴趣爱好，为其精选优质的阅读材料，包括科普读物、文学作品等不同类型的书籍；此外，适当带孩子参观科技馆、博物馆等教育场所，不仅能拓宽孩子的知识视野，更能激发其跨学科的学习兴趣。

同时应当着重培养孩子的探索精神。通过日常引导激发其求知欲，鼓励孩子主动提出问题并尝试自主解决。给孩子交流观点、分享见解的机会，逐步培养批判性思维和语言表达能力。利用互动式的学习方式，有效提升孩子的综合素质。

家庭教育同样需要系统化的引导策略。家长应当以身作则，保持持续学习的状态，通过言传身教为孩子树立良好榜样。适时引入励志案例，让孩子了解成功背后的努力过程，从而建立积极的学习价值观。值得注意的是，家长要密切关注孩子的情绪变化，及时提供必要的情感支持，帮助其度过学习中的困难时期。

最后，要帮助孩子建立正确的学习观念。引导他们理解失败是学习过程中的必经阶段，学会从挫折中汲取经验教训。培养成长型思维模式，让孩子认识到能力可以通过努力不断提升。这种积极的学习态度，将为其终身发展奠定坚实基础。

建立心理支持系统

在孩子的学习成长过程中，建立完善的心理支持系统至关重要。首先，初中阶段的孩子正处于心理敏感期，学业压力、人际交往等都可能引发情绪波动。及时的心理疏导能帮助他们建立健康的情绪调节机制，避免负面情绪积压。其次，有效的心理支持能显著提升学习效果。当孩子感受到被理解和支持时，他们更有勇气面对学习困难，保持积极的学习态度。家长和老师应当学会识别孩子的情绪信号，通过倾听、鼓励等方式给予情感支持。更重要的是，良好的心理支持能培养孩子的抗挫折能力。通过正向引导，帮助孩子建立"困难是暂时的""努力会有回报"等积极信念，这种心理韧性将使他们受益终身。同时要注意，心理支持不是一味迁就，而是在理解的基础上给予适当引导。在给孩子提供心理支持时，可以从以下几个方面入手：

1. 理解并接纳孩子的情绪

倾听与理解孩子的情绪，被听见是一种幸福。理解他们在偏科问题上所面临的压力和挫败感，正是走进他们内心的第一步。所以，我们不要急于批评或指责，而是给予孩子足够的理解。同时需要敢于向孩子明确表达支持和理解，让他们知道家长就在他们身边，愿意与他们一起面对和解决偏科问题。

2. 帮助孩子调整心态，树立信心

引导孩子保持积极的心态，让他们明白偏科是暂时的，通过努力是可以克服的。教会孩子积极的心理暗示方法，如"我一定能行""我会找到适合自己的学习方法"等。与孩子一起设定合理的学习目标，避免过高或过低的期望带来的压力。鼓励孩子将大目标分解为小目标，逐步实现目标，从而增强自信心。

3. 激发孩子的学习兴趣

尝试找到孩子对劣势学科的兴趣点，通过将其与实际生活、兴趣爱好相结合的方式，激发孩子的学习兴趣。鼓励孩子尝试不同的学习方式，如阅读相关书籍、观看教学视频、参加线上课程等，找到适合自己的学习方式。

4. 家长及时给孩子反馈

在孩子面对偏科问题时，家长应给予更多的陪伴和鼓励。可以陪伴孩子一起学习，或者在他们取得进步时及时给予表扬和奖励。与孩子分享自己或他人克服困难的经历，让孩子感受到自己并不孤单，有很多成功的人士都在经历并克服着类似的挑战。

教师风格影响及积极应对策略

在孩子的学习生涯中，会遇到各种不同风格的老师。就像花园里有不同的园丁，有的细心修剪，有的自然放养，每位老师都有自己独特的教学方式和管理特点。这种差异是很自然的事情。如果孩子因为不习惯某位老师的风格，连带着对这门课也提不起兴趣，家长可以这样来帮助孩子：

1. 耐心倾听孩子的感受

首先，家长需要耐心倾听孩子的感受，了解他们为什么不喜欢这位老师。可能是老师

的授课方式、管理风格甚至不经意说出的一句话等让孩子感到不适。通过倾听，家长可以更加准确地把握问题的症结。

2. 积极引导孩子换位思考

亲其师才能信其道，家长可以引导孩子尝试换位思考，理解老师的难处。例如，可以设计一种教学情景，让孩子尝试以老师的身份处理问题，从而减轻或避免孩子对老师的抵触情绪。这种方法有助于孩子更加客观地看待问题，减少情绪化的偏见。

3. 冷静客观地与教师沟通

如果孩子的偏科问题确实与老师有关，家长可以主动与老师进行沟通。在沟通时，家长应保持冷静和客观，了解老师的想法和教学方式，并表达自己的担忧和期望。通过沟通，家长可以寻求老师的帮助和支持，共同解决孩子的学习问题。

4. 帮助孩子逐渐调整心态

家长需要引导孩子认识到学习是自己的事情，不应因为对某个老师的不喜欢而放弃对该学科的学习。可以给孩子讲述一些成功人士克服困难、坚持学习的故事，激发孩子的学习动力和自信心。同时，家长要鼓励孩子保持积极的心态，让他们相信通过努力可以克服偏科问题。

5. 提供个性化的学习支持

针对孩子的偏科问题，家长可以提供个性化的学习支持。例如，可以帮助孩子寻找适合的学习资源和方法，如购买相关书籍、参加线上课程或请家教等。此外，家长还可以与孩子一起制订学习计划，监督孩子的学习进度，确保孩子能够按照计划有序地进行学习。

6. 建立家校合作机制

家长应与教师保持密切联系，建立家校合作机制。通过定期交流、共同参与孩子的教育活动等方式，加强家校之间的沟通和合作。这种合作机制有助于及时了解孩子的学习情况和问题，共同制定解决方案，促进孩子的全面发展。

2

短板加长，不同学科的突进策略

家长：曾老师你好，我想问一下我家孩子的半期等级，方便的时候烦请告知一下。

老师：刚看了下，孩子语数外物是ABAB。

家长：哎，孩子数学和物理还是考得不太好啊！怎么帮助孩子提高这两科的成绩呢？我们也找了老师补习这两门课，还是看不到效果。

老师：其实之前跟您说过的，孩子学习能力其实并不弱，最重要的是帮助孩子把老师交代的事情落到实处。

老师：孩子课下不愿意花时间，补课理论上也花了时间，但孩子可能因为补课花了时间，所以课堂上和课间玩得更厉害了。

家长：好担心他的数学和物理啊，要是这两科成绩不行，后面想留在我们学校都难了。

老师：没事，后面我们从他的作业入手，我喊他每周作业带回家检查，每周再问他，刺激一下他，让他认真完成作业，以他的反应力，应该有机会慢慢追上，就是父母要费些心思。

案例描述

亲爱的家长朋友，您是否也发现孩子在学习中出现了"偏爱"某些科目的情况呢？看着孩子某些科目成绩突出，而另一些却总是不见起色，是不是也让您感到有些着急呢？别担心，这其实是很多孩子都会经历的一个阶段。当您注意到孩子明显偏科时，不妨先静下心来，其实我们有很多温和有效的方法可以帮助孩子。

从上述聊天记录可以看出，语文、英语等需要积累的科目的学习是孩子的强项，而数学、物理等需要逻辑思维的科目的学习孩子则相对薄弱。其实对不同的学科是需要不同的学习方法的，下面我们就来分享各科的学习策略：

问题诊断

孩子在初中阶段喜欢某一个学科是很常见的情况，但孩子喜欢某个学科，其他学科的成绩都不够理想会影响到孩子整体的成绩。从上述聊天记录可以看出，语文、英语等需要积累的科目学习是孩子的强项，而数学、物理等需要逻辑思维的科目的学习情况孩子则相对薄弱。

语文学科的学习突进策略

1.知识层面的学习方法和策略

（1）语言文字基础

语言文字基础知识包括字音、字形、词义、语法等。在初中语文学习中，字词整理是提升阅读理解和写作能力的基础，语法结构可以提高句子表达的准确性和清晰度。因此，语文学科字词的整理和语法结构的掌握就至关重要。

首先应重点掌握课本中出现的生字词，包括其读音、字形、基本释义及常用搭配。其次需要积累自己平时学习中遇到的成语与俗语，学习并理解常用成语和俗语的含义及用法，确保能在写作中合理地运用。字词整理的常见方法是分类整理与记忆，如可以将字形相似但意义不同的字放在一起，通过对比记忆，减少错别字。也可以归纳整理近义词和反义词，理解它们在不同语境中的用法差异。有条件的情况下，可以制作字词卡片，一面写生字词，另一面写释义、例句或用法提示，方便及时复习。为加深记忆，还可以在日常写作中积极运用所学字词，尝试用新词汇表达自己的思想，提高语言表达的丰富性和准确性。在阅读时，注意新词汇的积累和运用，定期回顾所学字词，加深理解，确保记忆牢固。

初中语文语法结构的掌握需要学会对句子进行成分分析，掌握主语、谓语、宾语、定语、状语等句子成分的概念以及识别方法。通过分析句子成分，有效地理解句子的结构和意义，提高阅读理解能力。平时关注习惯用法，避免在表达中出现不符合语言习惯的错误，在写作中尽可能避免语法错误，如果出现了就要及时纠正。通过老师批改的作文或自我语法检查中，发现并及时纠正语法错误，提高语言表达的规范性。最后，定期对所学语法知识进行复习和总结，巩固记忆。将遇到的语法难点和易错点记录下来，以便日后查阅和纠正。

（2）文学素养提升

文学素养的提升需要学习并记忆好文学常识，制订文学常识学习计划，按照文学史的时间线进行学习。观看相关纪录片或参加文学讲座，加深对文学背景的理解。制作文学常识思维导图，帮助记忆和梳理知识点。

随着孩子文学常识水平的提升，需要对不同的文学体裁有更深入的理解，选择不同体裁的经典作品进行阅读和分析，掌握其特点和写作技巧。尝试模仿不同体裁进行写作练习，如写一首诗、一篇散文或一个小剧本。参加文学社团或兴趣小组，与其他文学爱好者交流学习心得。

还可以在阅读文学作品的时候发表自己的看法并记录，尝试用自己的思路对文学作品进行欣赏，学习文学批评理论和方法，提高文学欣赏的层次和深度。撰写读书笔记或读后感，记录自己的阅读感受和思考过程。与同学或老师分享阅读体验，进行文学作品的讨论和评价。

（3）阅读理解

阅读需要正确的阅读方法，学习并掌握不同的阅读方法如快速阅读、精读等以适应不同阅读需求。尝试使用阅读策略如预测、提问等来提高阅读效率和深度。练习在阅读过程中做笔记和标注以帮助理解和记忆。

阅读还需要掌握不同阅读技巧的应用方法，运用提问技巧来引导自己思考"作者为什么要这样写""这个情节有什么寓意"等问题。使用归纳总结技巧来概括文章主旨和段落大意。练习分析文章结构和逻辑关系以深入理解文章内容。

最后还需要深化阅读理解的能力，阅读经典文学作品时注重分析作者的情感和意图以及作品的深层含义。关注文学作品中的社会背景和文化内涵以增强阅读体验和理解深度。

（4）写作

写作能力的提升需要注意写作能力提升的三维体系——素材积累、日常训练、精准修改。练习在作文中运用修辞手法来增强表达效果。分析经典作品中的修辞手法运用案例，学习其精妙之处。

写作更离不开写作技巧的训练，因此需要学习并实践各种写作技巧如开头吸引读者、结尾总结升华等。进行段落组织训练，确保文章结构清晰、逻辑严密。定期进行写作练习并请老师或同学进行批改和反馈。

同时需要注重写作规范，养成良好的写作习惯如书写工整、标点符号使用正确等。使用写作辅助工具如语法检查软件来减少错误。定期对自己的作文进行自查和修改以提高质量。

2.思维层面的学习方法和策略

（1）逻辑思维培养

学习应当注重平时的归纳和演绎，在日常学习中注重归纳和演绎思维的训练，如通过实例归纳出一般规律或根据一般原理推导出具体结论等。练习逻辑推理题以锻炼逻辑思维能力。在写作中运用归纳和演绎方法来组织文章结构和论点论据等。

学习中可以尝试对阅读作品作因果分析，学习因果关系的基本原理和分析方法如因果链、因果图等。在阅读和写作中关注因果关系的表达和运用以提高逻辑思维能力。

（2）批判性思维

如果仅仅阅读并遵循作者思路还不算真的学会了阅读，还需要养成质疑和反思的习惯，不盲目接受信息或观点，而是要进行深入思考和独立判断。学习批判性思维技巧如提问、分析、评估等以提高批判性思维能力。在课堂讨论和辩论中积极表达自己的观点和看法，并接受他人的质疑和反驳以锻炼批判性思维能力。

同时学会从不同角度分析问题或作品如作者角度、读者角度、社会角度等。练习使用不同的理论框架和视角来分析问题或作品以拓宽思维视野和深度。在写作中尝试运用多角度分析方法来丰富文章内容和观点。

（3）创新思维

尝试在阅读过程中充分激发想象力，通过阅读科幻作品、观看创意视频等方式来激发想象力并培养创新思维意识。尝试进行创意写作如编写科幻故事、幻想小说等来锻炼想象力和创新能力。参加创意工作坊或创新比赛等活动以激发创新思维并展示自己的创意作品。

同时需要适当地进行创意写作以提升孩子的水平，设定创意写作目标如每周写一篇创意短文或每月创作一篇短篇小说等。尝试使用不同的写作风格和技巧来创作具有独特性和创新性的作品。与他人分享自己的创意作品并接受他人的建议和反馈以不断改进和提高。

数学学科的学习突进策略

1.知识层面的学习方法和策略

（1）系统学习，构建知识框架

数学学科学习一定需要分阶段制订详细的计划，根据学校的课程安排和自身的学习进度，制订一个长期的学习计划，并将其细化为短期计划。例如，可以设定每个月掌握一个章节的知识点，每周完成一定量的习题。使用学习管理工具（如日历、待办事项列表等）来跟踪学习进度，确保计划的执行。

尝试使用不同的工具构建数学知识框架，如思维导图，通过思维导图将章节的知识点串联起来，形成清晰的知识结构。可以使用专业的思维导图软件（如XMind、MindMaster等）或手绘完成。对于复杂的数学概念或过程，使用概念地图和流程图进行可视化记录，有助于加深理解和记忆。

学习数学需要定期对所学知识进行复习与总结，每周或每月结束时，对所学内容进行一次全面的复习，巩固知识点。制作复习笔记或知识卡片，将重点、难点和易错点记录下来，方便随时查阅。

（2）注重基础，夯实知识点

学习数学不能建"空中楼阁"，需要对基础知识、基本概念进行深度理解，而不仅是死记硬背，要记住其定义和公式，还要理解其背后的逻辑和推导过程。并尝试用自己的话解释概念，并思考其在现实生活中如何应用。

一定要准备好一套方便收纳和记录的错题本，将做错的题目记录下来，并详细分析错误原因和正确的解题思路。定期对错题本进行回顾和复习，确保不再犯同样的错误，同时重新整理错题本的题目，相应地进行删减或者标注，在信息化的时代背景下，还可以将错题打印出来粘贴到错题本上，节省时间。

同学间互相讲解也是非常有必要的，学生可以轮流在学习小组中讲解知识点和解题思路，加深自己的理解，并从他人的讲解中发现新的解题方法。

（3）多做练习，巩固知识

在学习时需要有意识地进行分层次练习，从基础题开始做起，逐渐过渡到中等难度的题和难题。确保每个层次的题目都能熟练掌握。可以使用教辅、在线题库等资源进行练习。

一定要有限时训练的意识，在阶段性学习检测或日常练习中进行适当的时间限制，以提高解题速度和应试能力。注意控制每道题目的解题时间，避免在个别题目上花费过多时间而影响整体进度。

建议孩子以积极的态度对待平时的阶段性学习检测，提前做好充分准备，这有助于检验自己的学习成效和知识掌握程度。每次检测后，要认真分析答题情况，特别是做错的题目，找出知识薄弱点并进行重点强化练习。

（4）拓展学习，提升能力

此外还可以涉猎数学文化，如阅读数学科普书籍或者观看数学相关视频，这样可以拓宽视野并激发对数学的兴趣。推荐书籍如《数学之美》《数学之书》《数学简史》等；关注 B 站、腾讯课堂等平台的视频资源，上面有很多有趣的数学知识。

2. 思维层面的学习方法和策略

（1）培养逻辑思维能力

数学是一个可以提升逻辑思维能力的学科，因此可以尝试做一些逻辑推理游戏等来锻炼逻辑思维能力。

不少数学问题在老师讲评完后孩子都觉得并不困难，但当自己独立完成的时候却不够顺畅，事实上可以让孩子尝试逆向思维训练，在解题过程中尝试从答案出发逆向推导解题步骤和思路。通过这种方式加深对题目结构和解题路径的理解并培养逆向思维能力。

（2）提高抽象思维能力

数学问题很多都是抽象的，因此将抽象概念实例化也是十分重要的，可以将抽象的数学概念与具体的生活实例相结合进行理解。例如可以用函数来表示气温随时间的变化规律；用几何图形来表示空间关系等。

当前提倡培养数学核心素养，其中非常重要的一种素养是数学建模，有能力的可以考虑提升孩子的数学建模能力，提倡在解决实际问题时尝试将其抽象为数学模型然后进行求解。当然这需要一定的数学建模能力和实践经验，可以参加数学建模竞赛或阅读相关书籍提升这方面的能力。

（3）培养解决问题的能力

数学难题通常都是由多个简单的问题构成，因此对数学难题的分解就显得尤为重要，将复杂的问题分解成若干个子问题并逐一解决是很重要的一项能力。在解决过程中可以尝试将不同的子问题进行重组以找到更优的解题方案。

做数学题提倡一题多解，多角度思考数学问题对于数学学习是非常重要的，在解题过程中可以尝试从不同的角度进行思考以找到不同的解题方法。这就需要培养发散性思维和创新能力，通过多解决开放性问题或参加讨论班等方式进行训练。

（4）培养创新思维能力

在平时的学习中鼓励自己尝试创新的思路和方法，即使失败了也可以从中总结经验教训并不断改进。可以通过参加创新竞赛或科研项目来锻炼自己的创新能力。

当学习能力到达一定程度后，还可以考虑跨学科融合，将数学知识与其他学科知识相结合，进行跨学科学习。例如将数学与物理、化学、生物等学科相结合解决跨学科问题；也可以将数学与艺术、音乐等学科相结合进行创意表达。

（5）培养批判性思维

如果在学习中遇到了与自己思路有出入的地方，可以理性质疑，与老师讨论。在学习过程中保持质疑精神对所学知识进行批判性思考，并尝试提出自己的观点和见解是十分有益于数学学习的。最常见的就是与同学、老师进行讨论和交流以拓宽思路并加深理解。

在信息爆炸的时代学会筛选和评估信息以获取有价值的知识和观点也是非常重要的。因此可以关注权威媒体的报道和学术机构的研究成果，以获取高质量的信息资源。

英语学科的学习突进策略

1.知识层面的学习方法和策略

（1）词汇积累

词汇积累的一种方法是制作实体或电子词汇卡片，正面写单词和词性，背面写中文释义、例句和音标。每天抽取一定数量的卡片进行复习和记忆。比如每天制作 5 张词汇卡片，正面写上 "happy"（开心）及其词性 "n."（名词），背面写上 "Her happy tears traced silver paths down cheeks still chilled by December's breath"（她幸福的泪水在仍被十二月寒气亲吻的脸颊上划出银痕），并附上音标和例句。

也可以考虑玩词汇游戏，利用手机应用或在线平台参与热门的词汇游戏，如单词接龙、词汇填空等，增加学习的趣味性和互动性。比如在 "Quizlet" 应用上参与 "Vocabulary Match" 游戏，将新学的单词与它们的释义进行匹配，增加记忆乐趣。

同时可以在阅读中做好标注，在阅读英文文章时，用荧光笔或下划线标注新学的词汇，并在旁边写上中文释义或例句，加深记忆。比如在阅读一篇关于环保的英文文章时，用黄色荧光笔标注生词 "sustainability"（可持续性），并在旁边写上 "the ability to be maintained at a certain rate or level indefinitely"（能够以一定的速度或水平无限期地维持的能力）。

还可以考虑用最新学习的词汇写英语日记，每天写一篇英文日记，尽量使用新学的词汇，通过实际运用来巩固记忆。

（2）语法学习

"语法树"在英语学习中是比较有效的方法，绘制语法树或思维导图，将复杂的语法规则系统化、可视化，便于理解和记忆。比如绘制一张关于现在完成时态的语法树，从"have/has + 过去分词"这个核心规则出发，分出主语、时间状语、否定形式等子节点。

语法学习需要适当的语法练习，因此可以选择一本适合自己的语法练习册，按照章节进行练习，并详细记录错题和解析。比如使用《新概念英语》语法练习册，针对定语从句章节进行练习，记录错题并仔细查看解析。

如果不是特别清楚的，可以考虑观看优质的语法讲解视频，结合老师的讲解和自己的笔记，深入理解语法规则。

还可以进行小组讨论，与同学组成英语学习小组，针对某个语法点进行讨论和练习，互相纠正错误并分享学习心得。比如与小组成员讨论非谓语动词的用法，通过例句分析和讨论来加深理解。

（3）阅读理解

在阅读过程中，孩子需要记录关键词汇、短语并分析句子结构，以及作者的观点和论据，帮助自己更好地理解文章。比如在阅读一篇科普文章时，记录关键词汇"DNA"（脱氧核糖核酸）、短语"genetic code"（遗传密码）以及作者的主要观点和论据。

还需要对阅读速度进行训练，可以考虑使用阅读速度训练软件或合适的阅读方法进行练习，如快速浏览、跳读等，提高阅读效率。可以使用"Spreeder"软件进行阅读速度训练，通过逐渐提高阅读速度来提高阅读效率。

阅读后还需要进行必要的总结，每读完一篇文章后，用自己的话总结文章的主旨大意和要点，锻炼自己的概括能力。除了教材外，还可以阅读英文报纸、杂志、小说等不同类型的材料，拓宽阅读视野。比如除了课本外，还可以阅读一些英文原著，拓宽阅读视野并提升阅读难度。

（4）听力训练

听听力的时候需要做对应的听力笔记，在听录音时，尝试记录关键词汇和短语，帮助自己理解听力内容。

还可以定期进行听力模拟考试，熟悉考试题型和流程，提高应试能力。比如可以使用 IELTS 中的"Listening Practice Tests"进行模拟考试，熟悉考试题型和流程。

还需要营造听力环境，如在日常生活中尽量多听英语广播、歌曲、电影等。

2.思维层面的学习方法和策略

（1）培养批判性思维

英语学习需要批判性地提问，在阅读过程中，主动提出如"作者的观点是什么""论据是否充分"等问题，并尝试自己解答。例如，在阅读一篇关于人工智能的文章时提出问题："作者是否过于乐观地估计了人工智能的未来？"并尝试自己寻找答案。

也可以尝试对比阅读，选择两篇观点相反的文章进行阅读，分析它们的论点和论据，培养批判性思维能力。比如阅读两篇关于网络隐私的文章，一篇支持加强隐私保护，一篇则认为隐私保护限制了技术发展，分析并对比它们的论点和论据。

尝试进行批判性写作，针对某个话题进行批判性写作，提出自己的观点并给出充分的论据支持。比如针对"社交媒体对青少年心理健康的影响"这一话题进行写作，提出批判性观点并给出论据支持。

有条件的也可以参加学校或社区的英语辩论活动，锻炼自己的批判性思维和口头表达能力。例如，参加学校英语辩论社团的辩论活动，就"是否应该在学校禁止手机"的议题进行辩论。

（2）培养创新性思维

尝试写一些具有创意的英文文章，如科幻小说、寓言故事等，发挥想象力。比如写一篇科幻小说，描述人类在未来利用时间旅行的技术解决历史遗留问题的故事。

英语学习也需要跨学科融合，将英语学习与数学、科学、艺术等其他学科相结合，探索跨学科的学习方法和应用。比如在数学课上学习三角函数时，尝试用英文写一篇关于三角函数在建筑设计中的应用的文章。

也可以参与或组织一些与英语相关的创意项目，如制作英文短片、设计英文海报等。有条件也可以参加一些创新思维训练课程或工作坊，学习如何运用创新思维解决问题。

（3）培养逻辑思维

多做逻辑推理型题目，如完形填空、阅读理解中的推理判断题等，锻炼逻辑思维能力。例如完成一篇阅读理解中的推理判断题：根据文章内容可以推断出作者对于网络购物的态度是什么？

当然还可以针对某个论点进行论证分析，列出支持论点的论据和反驳论点的反例，培养严密的逻辑思维能力。比如针对"是否应该增加学校体育课的时间"的论点进行论证分析并列出支持论点的论据（如提高学生身体素质）和反驳论点的反例（如可能影响对其他课程的学习）。

也可以尝试将数学中的逻辑思维方法应用到英语学习中，如通过图表分析文章结构等。比如在阅读一篇关于人口增长的英文文章时利用图表（如折线图）分析人口增长趋势并预测可能的变化情况。

在写作中注重逻辑性和条理性，确保文章结构清晰、论点明确、论据充分也是十分重要的。

物理学科的学习突进策略

1.知识层面的学习方法和策略

（1）系统学习基础知识

物理是建立在基本概念之上的学科，如力、能量、运动等。学生需要准确理解这些概念的含义和应用范围。因此需要理解物理学习的基本概念，比如在学习"力"的概念时，不仅要记住力的定义，还要理解力是物体间的相互作用，以及力的三要素：大小、方向和作用点。可以通过日常生活中的实例，如推门、提水等，加深理解。

还可以将物理概念进行分类，然后记忆学习，如按照物理量是几个物理量的积、比值、反映物质属性或只是描述性等进行分类，有助于记忆和理解。比如将物理公式按类型分类记忆，如速度公式、密度公式等。通过分类，可以更容易地记住和区分不同的公式。

学习基础知识还需要认真阅读课本和老师的讲义，并做好笔记，将重要概念、定义、公式和实例记录下来，便于复习和回顾。比如在学习"光的反射"时，详细阅读课本中关于反射定律的描述，并在笔记中记录入射角、反射角、法线等关键概念，以及它们之间的关系。这有助于在后续的学习中快速回顾和巩固知识点。

（2）掌握公式和定律

每个公式都有其特定的物理含义和适用范围，学生需要理解公式的来源、推导过程和应用条件。物理公式很多是反复变形运用的，因此可以通过公式的变形和推导，提高学生的分析和解题能力。公式的记忆可以采用分类记忆、联想记忆等方法，提高记忆效率和质量。比如采用联想记忆法记忆公式，将"电流等于电压除以电阻"联想成"水流需要压力（电压）才能通过障碍物（电阻），从而产生流动（电流）"。这种联想有助于加深记忆和理解。

（3）多做练习和实验

通过做大量的练习题，巩固所学知识，提高解题能力。比如在完成"力的合成与分解"章节的学习后，通过做大量的练习题来巩固所学知识。这些练习题可以包含分析一个物体受到多个力作用时的合力大小和方向或者解决一个物体在斜面上滑动时的受力问题等。

积极参与物理实验，观察实验现象，记录实验数据，分析实验结果，加深对物理概念和规律的理解。比如在实验室进行"测量小灯泡的电功率"实验时，通过连接电路、调节电压和电流、观察灯泡亮度变化等步骤来测量小灯泡的电功率。这个过程不仅锻炼了学生的动手能力还加深了学生对电功率概念的理解。

（4）利用多媒体资源

多媒体在物理学习中应用广泛，可以通过观看生动的物理教学视频，帮助学生理解抽象概念。比如可以观看"物理大师"等在线教学视频平台上关于"万有引力定律"的讲解视频。视频通过生动的动画演示和详细的讲解，帮助学生更好地理解这个抽象概念。

还可以利用物理模拟软件进行实验模拟，弥补实际操作中的不足。比如利用"PhET"（Physics Education Technology）等物理模拟软件进行"光的折射"模拟实验。在软件中调整入射角、介质折射率等参数观察折射角的变化情况，从而加深对光的折射规律的理解。

2.思维层面的学习方法和策略

（1）培养逻辑思维

通过逻辑推理，分析物理现象和问题的本质，找出其中的因果关系和规律。比如在解决"斜面问题"时通过逻辑推理分析物体在斜面上的受力情况（重力、支持力、摩擦力），以及这些力是如何影响物体的运动状态的（加速下滑、匀速下滑或静止不动）。

适当情况下，可以运用逻辑思维，提出合理的假设，设计实验方案，验证假设的正确性。比如在解决"电路故障"问题时首先根据电路图分析可能的故障点（如断路、短路等），然后设计实验方案（如用电压表检测各点电压）验证假设，并找出真正的故障点。

（2）培养批判性思维

学习物理学科也需要学生对所学知识保持质疑态度，不断反思和验证所学内容的正确性。比如在阅读课本中关于"牛顿第一定律"的描述时对其中的"一切物体都将保持静止或匀速直线运动状态除非受到外部力的作用"这一表述产生质疑并思考是否所有物体都遵循这一规律？是否存在例外情况？

在阅读物理资料时，注意分析作者的论点和论据，提出自己的见解和疑问。比如在阅读一篇关于"浮力原理"的科普文章时不仅关注作者给出的结论和论据，还思考这些论据是否充分或存在其他可能的解释，并尝试提出自己的见解和疑问。

（3）培养创新思维

可以设置物理创新实验，在实验中尝试新的方法和思路，探索未知的物理现象和规律。比如在实验室进行"自制简易电动机"的创新实验时使用不同的材料和方法来制作电动机，并观察其性能差异。在这个过程中学生不仅锻炼了动手能力，还培养了创新思维和解决问题的能力。

也可以考虑将物理知识与其他学科知识相结合，提出新的观点和问题。比如将物理知识与数学知识相结合来解决"抛物线运动"问题，通过建立数学模型（如二次函数）来描述物体的运动轨迹并求解相关问题等。这种跨学科的融合有助于拓宽学生的视野并培养他们的综合素质。

（4）培养科学思维

培养科学思维需要注重观察和实验在物理学习中的重要性，通过实验验证理论的正确性。比如在进行"声音的传播"实验时通过观察不同介质中声音的传播情况（如空气、水、固体等），并记录相关数据来验证声音传播需要介质这一科学原理。

学习物理学科还需要严谨的科学态度，在解决物理问题时尊重事实和数据，避免主观臆断和偏见。例如，在测量某个物理量时，如果实验结果与预期不符，应该重新检查实验步骤和测量方法，而不是简单地忽略或修改实验结果以符合预期。

3

科学地学习，向优秀大步迈进

或许大家能够从一个小故事中得到启示：铁蛋是木匠村最勤奋的少年，每天鸡鸣就上山砍树。他坚信"只要功夫深，铁杵磨成针"，把每棵树都当作敌人般死磕。三个月后，他的斧头磨秃了五把，手掌结满了老茧，可做的板凳却总是歪歪扭扭。一天路过的工程师张叔知道了他的情况后说："你该学习一些木工的知识啊！"随即送给他一本《木工技术手册》，希望帮助他做得更好。铁蛋却把书垫在瘸腿的板凳下说："俺爹说了，好木匠都是砍出来的！"直到参加木工大赛，铁蛋发现对手小梅从不蛮干。她总在砍树前用炭笔在树干画波浪线，砍三棵树就停下来写写画画。更奇怪的是，她工具箱里有沙漏、量角器等工具，甚至还有个小算盘。比赛中，小梅仅用铁蛋一半的时间，就做出了榫卯严丝合缝的八仙桌，获得了最终的冠军。铁蛋看到这样的结果，陷入了沉思。

从科学教育视角来看，铁蛋的问题主要存在四大症结：

1. 经验主义思维固化

铁蛋将父亲的"好木匠都是砍出来的"经验教条化，形成类似中学生常见的情感思维障碍。这种对传统经验的盲目崇拜，阻碍了他接受《木工技术手册》中的科学原理，正如初中生常因情感偏好拒绝理解抽象科学概念一样。其垫书行为也折射出对科学知识的排斥，与《科学教学中的问题诊断》所述的"知识应用断层"现象高度吻合。

2. 机械重复学习陷阱

铁蛋三个月磨秃五把斧头的低效模式，对应中学生常见的无效努力循环。科学教育研究发现，单纯时间堆积（如题海战术）若缺乏方法指导，效果仅相当于科学训练的28%。这与其做歪斜板凳却持续蛮干的行为，共同印证了"努力量并不完全等于学习质量"的教育规律。

3. 系统性知识建构缺失

对比小梅的"波浪线标记＋算盘计算＋沙漏控时"三维操作体系，铁蛋单一斧头作业暴露其知识网络碎片化缺陷。这类似于中学生常见物理学习困境：能背诵杠杆原理，却无法像通过提水实验构建力臂与支点的动态认知。

4. 实践转化能力断层

铁蛋虽具大量伐木实践，却未建立"砍树动作—木材特性—成品质量"的实践认知闭环，这映射出中学生实验课常见问题：能完成电路连接却不懂欧姆定律应用。小梅的炭笔标记法实为具身认知策略，将抽象力学转化为触觉（纹理感知）、视觉（曲线绘制）、空间思维（立体切割）的多维训练，符合"做中学"科学教育新路径的核心要求。

所以，真正的工匠精神，诞生于经验传承与科学思维的化学反应中。突破铁蛋式困境，需在实践土壤中植入科学教育的基因链。

科学地学习，向优秀大步迈进

初中阶段，如若想要成为一位成绩优异且没有明显短板的"学霸"，不仅仅需要在各个学科中精耕细作，力求全面发展，还需要科学且系统地计划与学习。下述几条策略可以用来助力孩子全面提升学习的效率和水平。

1. 精准设定目标与科学规划

• **明确方向，细化目标**：细化目标需要设定更具体的目标，这不仅仅是设定一个笼统的期末成绩目标，而且要具体到每门课程的分数要求，甚至细化到每个章节或单元需要掌握的知识点。例如，在数学上，可以设定"掌握并熟练运用二次函数的图像与性质确保这类问题不出问题"为某一单元的目标。

目标要遵循 SMART 原则，确保目标符合 SMART 原则（Specific、Measurable、Achievable、Relevant、Time-bound）。这样的目标更有助于跟踪学习进度和评估成果。

目标还需要可视化，因此可以利用便签、海报或手机 APP 等工具，将目标以图表、照片或文字的形式呈现出来，放在显眼的位置提醒自己。

• **周密计划，灵活调整**：计划主要是指学习时间的规划，将一天的时间划分为不同的时间段，每个时间段专注于不同的学习任务。例如，上午时段可能更适合学习需精力高度集中的数学和物理等学科的学习；下午时段则可以学习语文、英语等需要更多时间阅读和理解的学科。

可以设置任务清单，为每个时间段设置具体的任务清单，包括要完成的作业、复习的章节和预习的内容等。

同时需要注重反馈与调整，每一周或两周进行一次回顾和反馈是有必要的。检查计划的完成情况，分析哪些任务完成得好，哪些需要改进。根据学习进度和效果进行必要的调整，确保计划始终符合实际情况。

2. 掌握高效学习策略

• **预习与巩固**：预习需要有深度。在预习时，不仅要阅读教材上的内容，还要尝试理解其中的原理、概念和公式。可以通过查阅资料、观看在线课程或参与讨论等方式来深化理解。同时，尝试将新知识与旧知识联系起来，形成系统的知识体系。

复习时可以适当进行巩固练习，除了完成老师布置的作业外，还可以自己出题或找一些相关的练习题进行练习。在做题过程中，注重总结解题方法和思路，形成自己的解题策略。同时，及时纠正错误并反思原因，避免重蹈覆辙。

• **夯实基础**：夯实基础的常见方法是建立知识框架，对于每门学科，要尝试建立自己的知识框架或思维导图。将重要的概念、原理、公式等以树状图或网状图的形式呈现出来，以便更好地理解和记忆。

还可以将所学的基础知识应用到实际生活中。例如，在数学学习中尝试解决一些实际问题；在物理学习中尝试制作一些简单的实验装置等。通过实践应用加深对知识的理解和记忆。

• **主动探究**：在学习中主动探究可以提升学习的水平，因此积极参加学校的学术讨论会、社团活动等场合的讨论和交流就十分重要。与同学们一起探讨学术问题、分享学习心得和体会。在讨论中积极发言、提出自己的观点和见解，以锻炼自己的思维能力和表达能力。

主动探究还需要自主学习，除了基本预习、复习外，可以观看在线课程、阅读学术论文或参与网络论坛的讨论等。通过自主学习来拓宽知识视野、提升综合素质和创新能力。

• **错题精析**：物理错题是比较容易分类的，因此将做错的题目按照知识点或题型进行分类整理就需要在平时完成。对于每个错题都要认真分析原因并总结解题方法和思路。可以准备一个错题本或利用电子笔记等工具记录错题和解题过程。

错题还需要定期回顾，每一周或两周对错题进行回顾和巩固。重新做一遍错题并检查答案是否正确。同时，思考自己当时做错的原因并尝试找出避免类似错误的方法。通过定期回顾来巩固知识点和提高解题能力。

3. 促进学科均衡发展

• **时间管理**：对时间进行管理首先要进行优先级排序，即根据各学科的重要性和难易程度进行优先级排序。确保在有限的时间内先完成最重要和最紧急的任务。同时，要留出一定时间用于休息和娱乐以保持身心健康和精神状态良好。

可以预留一定的弹性时间以应对突发事件或学习计划的变动，以便及时调整计划，并继续推进学习进度。

• **差异化提升**：可以根据自己的学习特点和能力水平制订个性化的学习计划，并采用不同的学习方法。例如，对于语文等需要大量阅读和积累的学科可以采用"多读多写"的方法；对于数学等需要一定逻辑思维和推理能力的学科则可以采用"多做题多总结"的方法等。

差异化学习更具针对性，因此需要针对自己的弱项进行针对性的训练。如可以参加补习班、找老师辅导或参加一些针对性的训练课程等，弥补自己的不足并提高整体水平。

• **跨学科整合知识**：同样可以尝试将不同学科的知识关联起来进行综合应用。例如，物理学习可以引入数学函数和图像来解决问题；地理学习可以引入历史和政治相关知识来加深理解等，培养自己的跨学科整合知识的能力和综合素质水平。

项目式学习是提升综合能力很重要的一条渠道，参与跨学科的项目式学习。通过团队合作完成一个综合性的项目任务来锻炼自己的实践能力和团队协作能力。在项目式学习过程中需要运用多个学科的知识和技能来解决问题并完成任务目标。

4. 培养良好的学习习惯

• **自律与毅力**：学会自律需要建立自我监督机制来监督自己的学习行为和进度，因此可以制订学习计划并设定具体的时间节点来检查完成情况；也可以使用学习 APP 或定时器等工具记录学习时间和提醒休息时间等；还可以邀请家人或朋友监督自己的学习行为并提供反馈意见等。

做一件事不难，但是坚持做一件事却十分困难，在面对诱惑或困难时要坚持原则并保持高度自律。因此可以设置一些奖励和惩罚措施来激励自己坚持学习并克服困难；也可以寻求家人或朋友的支持和鼓励来增强自己的信心和动力等。

• **积极心态**：保持乐观的心态面对学习中的挑战和困难，并相信自己有能力克服它们并取得成功。当遇到挫折或失败时不要气馁或放弃，而是要积极寻找原因并总结经验教训，以便更好地应对未来的挑战和机遇。

当然在遇到难题或困惑时积极寻求老师、同学或家长的帮助和支持。不要害怕向他人请教或寻求帮助，因为每个人都有自己擅长的领域和经验，可以帮助你解决问题。

• **健康生活**：保持规律的作息时间有助于恢复体力和精神状态，以及提高学习效率等。因此一定要保证充足的睡眠时间和睡眠质量，避免熬夜和过度劳累等不良习惯对身体造成的损害，可以考虑设置睡眠闹钟来辅助孩子养成良好的睡眠习惯。

健康生活需要注重饮食的均衡和营养搭配，以保证身体健康和学习效率等。因此建议多吃新鲜蔬菜、水果等食物以提供足够的能量和营养，支持身体正常运转和学习需求等；同时要避免暴饮暴食和过度依赖零食等不良饮食习惯对身体造成损害等。

5. 积极寻求外界帮助

• **师生互动**：如果遇到了难以解决的学习或者生活问题，可以主动与老师沟通，寻求老师的指导和建议。在与老师沟通时要注意礼貌和谦逊，并认真听取老师的意见和建议，这样才能更好地改进自己的学习方法，提高学习成绩。

• **同伴互助**：与同学组建学习小组或参加团队活动，共同完成学习任务并相互支持和激励，在团队合作中要注重分工和配合，并充分利用各自的优势和资源共同完成任务、目标等；同时要学会倾听他人的意见和建议并尊重他人的观点和想法等，以便更好地促进团队合作等。

除此之外，还需要与同学分享学习资源和经验并相互帮助以解决问题，可以通过共享笔记、资料等方式帮助他人解决学习中的困惑和问题；也可以通过讨论和交流等方式分享自己的学习心得和体会，并促进彼此之间的成长和进步等。

• **善用资源**：中学学习成绩的提高还需要广泛利用学校图书馆、在线课程、学术讲座等学习资源来拓宽个人的知识视野，提升个人整体的学习能力。比如可以定期借阅图书或参加专家讲座等获取更多的知识和信息；也可以利用网络资源进行自主学习和探究以拓宽学习渠道和提高学习效率等。

当然，在获取海量学习资源的同时，筛选与整合资源也至关重要，因为这不仅关乎学习效率，更关乎学习者的心力与精力。我们可以通过网络上书评得分或参考熟人推荐等方式，对资源的质量和价值进行科学评估；同时，通过对比不同资源之间的差异，精准选择最适合自己孩子的学习资源。此外，必须警惕在无效信息上耗费过多时间和精力，以免对学习造成负面干扰。学习不仅是知识的积累，更是心灵的成长。因此，在追求高效学习的同时，也要注重孩子的身心健康，合理安排时间，劳逸结合，让孩子把学习看成一种愉悦且充实的体验，在学习之路上时刻感受到充满温暖与力量。

（本章作者：曾万强 ）

第九章 做会沟通的父母

初中是成长的分水岭，少年在独立与依赖间摇摆，父母的沟通方式亟须蜕变：从居高临下的指挥，转为并肩解码青春的密语。倾听褶皱里的情绪，共情锋利言辞下的脆弱，才能让"为你好"不再成为爱的枷锁。教育从来不是孤岛，真正的协同需要理性与温度的交融。

本章将带您穿透沟通迷雾，在亲子对话中，用理解软化对抗；在家校互动中，建立合作共赢的伙伴关系。当爱以平等姿态流动，那些青春期的棱角终将折射出生命的光彩。

1

给孩子幸福的家，打造最强后盾

一封来自妈妈的求助信

　　老师，这一年我心里憋了太多话，实在不知道该怎么开口……我家明明今年13岁了，以前每次开家长会，您总夸他机灵又阳光，可现在……这孩子最近成绩一次比一次刺眼，上周数学小测甚至交了白卷。他把自己关在屋里不肯见人，连从小玩到大的邻居孩子敲门都不应。我和他爸急得整夜睡不着觉，可说到底……都是我们当父母的错。前天晚上我们吵到一半，突然发现明明房间的门缝里露出一双眼睛——孩子就那么缩在墙角盯着我们，手里还攥着被扯断的耳机线……他才13岁啊，本不该看到爸妈这副模样的。现在别说学习了，孩子连饭都吃得像咽沙子。上周我给他收拾书包，发现课本里夹着张皱巴巴的纸，上面用红笔涂满了"烦死了""别吵了"……我们试过找他谈心，可刚问"最近怎么不开心"，他就抓过枕头蒙住头。昨天他爸气急了吼他，孩子突然蹦出一句"反正你们眼里只有吵架"……老师，我知道现在说这些太迟了……但昨天看见明明把以前得的"三好学生"奖状全撕了扔垃圾桶，我这当妈的心如刀绞。您能不能教教我，现在该怎么把孩子从悬崖边上拉回来？只要有一线希望，我们就愿意做任何事。

　　亲爱的家长，您是否也出现过类似的困扰，孩子会因为家庭关系的变化而改变。家庭中的方方面面都会对处于初二的孩子来说产生影响。创造一种温暖，支持和关爱的家庭环境，让孩子感到安全和被接纳。培养良好的亲子关系，与孩子建立亲密的联系，使她们感受到家庭的温暖和归属感。

　　没有哪个家长不想成为孩子的最强后盾，因此透过现象看本质，我们需要知道孩子需要什么样的支持？您的家庭教育合格吗？

　　那么什么样的家才是温暖的呢？打造最强后盾，我们可以从以下几个方面入手。

温馨和谐的家庭氛围

• **沟通开放**：鼓励每个家庭成员分享自己的想法、感受和需要。定期召开家庭会议，讨论家庭事务，让每个人都能参与决策。倾听他人的观点，尊重彼此的差异，避免争吵和指责。

• **共同活动**：组织家庭活动，如户外郊游、聚餐、看电影等，增进彼此间的感情。共同参与家务劳动，培养家庭责任感，让每个人都感受到家庭的温暖。为子女树立良好的榜样，教育他们尊重他人、关爱家庭。鼓励子女参与家庭活动，培养他们的家庭责任感和集体意识。

• **培养家庭传统**：传承家族文化，开展独特的家庭传统活动，如庆祝生日、节日等。通过活动加强家庭凝聚力，让孩子感受到归属感和自豪感。

• **营造舒适环境**：保持居家环境的整洁和美观，营造舒适的生活氛围。布置温馨的家庭装饰，如照片墙、家庭树等，展示家庭的美好回忆。

• **学会宽容**：接纳孩子的缺点和不足，不要过于苛求完美。在面对困难和挑战时，给予支持和鼓励，共同渡过难关。

• **保持积极心态**：在面对问题时，保持积极乐观的心态，寻求解决问题的方法。传播正能量，让孩子感受到生活的美好和希望。

提供稳定和积极的家庭规则

设立适当的规则和界限，以保持家庭的秩序和和谐。这些规则应该是公平、清晰和可执行的，同时鼓励孩子参与制订规则的过程，让他们感受到自己的价值和重要性。明确制订规则的目的和重要性：确定制订家庭规则的目的，例如促进家庭和谐、培养良好的品德和行为习惯等。向孩子解释制定这些规则的原因，让他们理解并接受。让孩子参与制订规则的过程需要注意以下几点：

• **鼓励全家成员共同参与制订家庭规则的过程**：这不仅能提高规则的可接受性，还能增强家庭成员的责任感和团队合作能力。在制订规则时，要充分听取每个家庭成员的意见，尤其是孩子的想法，让他感受到自己的意见被尊重和重视。

• **制订明确、具体且可行的规则**：家庭规则应该明确、具体，避免产生歧义。例如，可以规定具体的家务分工、学习时间、娱乐时间等。

- **规则要具有可操作性**：考虑到家庭实际情况和成员的个性需求。避免制订过于复杂或难以执行的规则。

- **公平公正地执行规则**：在执行家庭规则时，要确保公平公正，对每个家庭成员一视同仁，不偏袒任何一方。家长要以身作则，带头遵守规则，为孩子树立榜样。

- **建立奖惩机制**：当家庭成员遵守规则并表现出色时，及时给予表扬和奖励，以增强他们的积极性和自信心。对于违反规则的行为，要采取适当的惩罚措施，如减少娱乐时间等。但惩罚要适度，避免过度严厉或溺爱。

- **定期评估和调整规则**：随着家庭发展和成员成长，定期评估家庭规则的适用性，并根据需要进行调整。鼓励家庭成员提出修改规则的建议，以适应家庭生活的变化和挑战。

- **保持良好的沟通**：建立良好的沟通渠道，鼓励家庭成员之间开放、诚实地交流，让他们感受到被理解和支持。在沟通中解决问题，增进彼此间的了解和信任，从而更好地遵守和执行家庭规则。

赋予孩子责任和自主权

赋予孩子适当的责任和自主权，让他们感到自己的价值和重要性。鼓励孩子参与家庭决策，并尊重他们的意见和贡献，这有助于培养他们的责任感和自主性。

开展积极的家庭活动

安排家庭活动，如共进晚餐、户外游戏、共同观看电影等，加强家庭成员之间的互动和联系。这些活动可以增进亲密感和创造快乐的回忆，让孩子感受到家庭的幸福和温暖。

倾听和支持孩子

倾听孩子的感受和想法，尊重他们的意见和需求。提供情感上的支持和鼓励，帮助他们解决问题和应对挑战，让孩子感受到家长是他们的坚强后盾。

提供适当的教育和娱乐资源

为孩子提供丰富多样的教育和娱乐资源，如书籍、艺术材料等，满足他们的学习和娱乐需求。这有助于激发孩子的学习兴趣，培养他们的创造力和想象力。

培养积极的家庭价值观

传递积极的价值观和品德教育，鼓励孩子形成良好的道德观念、同理心和责任感。这有助于孩子健全的人格和正确的价值观的培养，为他们未来的成长和发展奠定坚实的基础。

注重家长自身的成长

家长要注重自身的成长，提升自己的教育水平。通过阅读心理和教育类书籍、参加相关讲座等方式，学习更多的育儿知识和技巧，以更好地履行"后盾"的责任。

通过这八个方面的持续尝试,希望我们能够逐步为孩子营造一个更加温暖的家庭环境,努力成为他们成长路上可以依靠的支持。这需要家长保持耐心、付出关爱，在与孩子互动的过程中不断调整和成长。

2

建立良好沟通，协同家校合作

进入初二，大部分孩子已经陆陆续续进入青春期，已经由青涩的初一新生逐渐转变为初二的学长学姐，随着角色、环境和心理状态的转变，又会涌现出一些新的交流点。我们不难发现孩子在学校和家里的表现可能大相径庭。

家长

老师您好，最近无意中看到了孩子的定时作业等级只有C，我们有些担心！

是的。义务教育阶段没有成绩只有等级，就目前C等级来说，孩子确实需要努力。初二对孩子的要求更高，这在平时的交流中已经跟孩子做了多次沟通。

老师

这可能是我们常常见到的家长和老师的聊天场景，可以看得出来家长很关心孩子在校的表现，特别是成绩，但目前义务教育阶段没有分数只有等级，所以更需要家长和老师保持长期有效的沟通。

众所周知，初二来临，不管是孩子们还是老师们在学习上的任务量都在增加，家长和老师只靠聊天时的只言片语很难有效沟通，而且部分家长的提问方式并不能帮助自己更好地了解孩子在校的情况。所以我们需要从家长和老师两个方面切入建立良好的沟通机制，互通有无，达成家长协同，形成教育合力。

不难看出，这位家长想要跟老师交流孩子成绩的急切心情。细心的家长也会发现，其实老师已经回答了家长的问题，但是家长还沉浸在孩子其实还很不错的固有印象中未走出来，导致此次交流没有达到家校协作、真正帮助孩子的目的。

仔细分析老师的话语，其所传达的信息主要有三点：

1. 孩子目前状况不佳，已经是较落后的状况。

2. 进入初二后孩子的这种状态已经维持了一段时间了。

3. 老师已经和孩子多次交流寻求解决办法，但是效果不佳。

如果此次交流想取得效果家长需要：

• **准备问题**：在与老师沟通前，应明确自己想要了解的具体内容，如孩子的学习进度、课堂表现、作业完成情况、与同学相处情况等。准备一些具体的问题或关注点，以便沟通更加聚焦和高效。

• **关注细节**：在沟通过程中，可以询问孩子在课堂上的具体表现，如参与度、注意力集中情况等。

• **聚焦困难卡点**：在交流时，可以具体了解孩子在作业完成中的实际困难，如何时间管理、理解深度或答题规范性等方面需要提升的地方。

在跟老师交流之后，我们还需要持续关注和反馈：

• **定期沟通**：家长可定期与老师沟通，及时了解孩子在校的情况和表现。这种持续的关注有助于家长更好地掌握孩子的成长动态，及时调整教育策略。

• **给予反馈**：家长可以向老师反馈孩子在家庭中的表现和进步情况，以便老师更全面地了解孩子。同时，家长可以表达对老师的感谢和认可，激励老师更加投入地关注孩子的成长。

建议家长可以在每次与老师交流后适当记录沟通要点，这样既便于持续跟进孩子的在校表现，也能让其他家庭成员及时了解最新情况。通过保持教育信息的一致性，不仅有助于家庭成员间的教育协作，也能为今后的家校沟通积累参考依据。

家校沟通原则

在家校沟通中，我们不免会遇到其他问题，怎样能够取得更高的沟通质量，真正解决眼前的问题，以下四个原则请大家关注：

1. 常联络，建立信任

建议您可以这样优化与老师的沟通方式：

普通询问："孩子最近在校表现如何？"

更用心的问法："老师您好！注意到孩子最近在家学习状态不错，不知道在校期间的表现是否也保持稳定？这样的对比观察或许能帮助我们更全面地了解孩子的成长情况。"

2. 突发情况，冷静应对

当孩子在校遇到特殊情况（如受到老师指正）时，建议采用这样的沟通方式：

常规询问："听说孩子今天在学校被批评了，能具体说说是什么情况吗？"

更有效的沟通："老师您好，孩子提到您今天对他进行了指导教育。作为家长，我们很重视家校共育，想了解具体需要我们在哪些方面配合引导？"

3. 打听成绩，关注进步

当考试结束后，想了解孩子的学习情况时，可以尝试这样与老师沟通：

常规询问："老师您好，想了解一下孩子这次期末考试的总体表现如何？"

更有效的问法："老师您好，请问孩子这次考试反映出哪些需要提升的方面？作为家长，我们可以从哪些方面配合帮助他进步？"

4. 应对批评，携手共育

当孩子在校出现行为问题时，建议家长可以这样与老师沟通：

常规回应："老师，我们收到您的反馈了。孩子平时在家表现尚可，这次具体是什么情况呢？"

更妥当的回应："老师，感谢您的及时告知。我们很重视这个问题，想详细了解具体情况，看看家校可以如何配合引导孩子改正。"

家校之间的良好沟通对于支持老师和学校的工作至关重要。这种沟通不仅能够增强双方之间的理解和信任，还能为孩子的全面发展创造一个更加和谐的环境。我们要尊重老师的教学方法和教育理念，避免在孩子面前发表不当言论，影响孩子对老师的信任感。积极配合学校和老师的工作，如按时完成作业、参加学校组织的活动等，共同为孩子的成长创造良好条件。当对学校和老师的工作有疑虑或不满时，应通过合适的渠道进行沟通和表达，避免产生不必要的误解和冲突。

我们可以向老师反映孩子在家庭中的表现、习惯、情绪等，帮助老师更全面地了解孩子；同时，老师可以向家长分享孩子在学校的进步和需要改进的地方，以便在家中进行有针对性的教育和引导。

父母要想帮助孩子更好地适应学校，就要理解学校的教学目标和实际困难，对自己的孩子有明确的养育风格和诉求。同时，积极与老师平等交流，永远支持自己的孩子，尽量避免和老师一同站在孩子的对立面，维护好孩子的自尊心。

构建和谐的家校关系，需要家长与教师以理解与信任为基础，携手为孩子的成长保驾护航。良好的沟通是这座桥梁的基石，它能让教育理念在交流中达成共识，让孩子的成长轨迹在互动中更加清晰。

作为家长，我们应当以开放包容的心态看待教育工作，既要理解教师的教学理念，也要保持独立思考。在孩子面前维护教师的威信，用实际的配合行动支持学校工作，这样的示范本身就是最好的教育。当出现分歧时，选择恰当的时机与方式沟通，既坦诚表达关切，也耐心倾听教师的专业建议。

家校之间需要建立常态化的信息共享机制。教师及时反馈孩子在课堂的表现与进步空间，家长如实分享孩子在家的习惯养成与情绪变化，这样的双向交流能让教育更有针对性。在支持学校工作的同时，家长要始终牢记自己是孩子最坚实的后盾，既要配合学校教育，也要守护孩子的心理健康，避免让孩子陷入"两面为难"的困境。

教育的真谛在于家校之间形成育人合力。教师用专业引领成长，家长用爱心陪伴成长，双方各司其职又密切配合，既尊重教育的普遍规律，又关照孩子的个性特点。这样的协作关系，才能为孩子撑起一片自由成长的天空，让每一个孩子都能在理解与期待中绽放独特的光彩。

3

呵护孩子身心健康，引导健康情感成长

女孩日记

日 期：10 月 5 日 天 气：多变

今天，我的心情就像窗外的天空一样，时而晴朗，时而多云。因为，我遇见了他。

课间在走廊上，阳光洒在他的身上，他的笑容如同春天的微风，轻轻地拂过我的心田。那一刻，我的心跳漏了一拍。我不知道这是不是爱情，但我知道，从那一刻起，他在我心中变得不一样了。

上课的时候，我的思绪总是不由自主地飘向他。我会想他现在在做什么，是不是也在想着我。我知道这样不好，我应该认真听讲，可是我的心就是无法控制。

放学的时候，我故意走得很慢，希望能在人群中看到他的身影。当我看到他的那一刻，我的脸上不由自主地露出了笑容。我们的目光交会，那一刻，时间仿佛停止了。

我不知道我们的未来会怎样，我不知道这段感情是不是正确的。但是，我无法控制自己的感情，我只想和他在一起，哪怕只是说说话，看看他的笑容。

我知道这样不好，但是我不想放弃这段感情。我该怎么办呢？

也许，我应该更加努力地学习，让自己变得更加优秀。也许，我应该和他一起进步，一起成长。我不知道未来会怎样，但我希望我们能一起走过这段美好的时光。

亲爱的家长，您的孩子会不会有这样的困扰呢？初二孩子正处于从儿童向青少年过渡的阶段，他们开始更多地接触社会，与同龄人建立更紧密的关系。这一时期是学生成长发育的关键阶段，也是他们形成世界观、人生观和价值观的重要时期。孩子会因为某个异性情绪波动、魂不守舍。如果缺乏对身心健康的关注和培养，他们很容易出现各种心理和行

为问题，进而影响他们未来的走向。

因此，我们应该高度重视初二学生的身心健康，为他们提供必要的支持和帮助，促进他们全面、健康地发展。因此透过现象看本质，我们怎样去识别孩子需要什么样的支持？您的孩子也有这个困扰吗？

青春期情感萌动是青少年成长过程中的常见现象，指的是处于青春期的少男少女之间产生的好感或恋爱情感。这一阶段的孩子正处于心理与情感的成长期，自然会对异性产生好奇和亲近感。从发展心理学的角度看，这种情感体验是青春期的正常表现。不过，由于青少年尚未完全成熟，情感认知和人生阅历有限，这类关系往往不够稳定。如果处理不当，可能会影响学习状态和个人成长。因此，需要我们给予适当的引导，帮助青少年建立健康的情感认知，平衡学业与情感发展。

处理原则

1. 保持冷静

当发现孩子有这个倾向时，家长不要惊慌失措或大发雷霆。保持冷静的态度，避免给孩子造成过大的压力，以免孩子因恐惧而不敢与家长沟通。

2. 相互信任

与孩子建立良好的信任关系，让孩子愿意主动与家长分享自己的感受和想法。可以通过平时多关心孩子的生活、学习，多与孩子交流，让孩子感受到家长的关爱和支持。

3. 倾听理解

耐心倾听孩子的心声，了解她对这段感情的看法和感受。不要急于批评或否定孩子的感情，要对孩子表示理解，让孩子感受到被尊重。

例如，家长可以说："我知道你现在对这个同学有好感，这是很正常的感情。能和妈妈说说你为什么喜欢他 / 她吗？"

正确引导

家长可以以朋友般的平等姿态，与孩子展开真诚的对话，通过分享自己的人生阅历，让孩子明白真挚的情感需要建立在相互尊重、责任担当和成熟理性的基础之上。在具体交往中，要引导孩子把握适当的分寸，既不刻意疏远，也不过分亲密。对于超越普通朋友界限的行为，如接受贵重礼物等，应当保持清醒认识并妥善处理。

参与社交活动时，要保持理性与节制。尽量避免与异性单独相处，如与异性单独相处，需要注意言行得体，避免因一时冲动而做出不当举动。特别要提醒的是，在任何社交场合都应避免饮酒，保持清醒的头脑和判断力。

特别注意这种引导不是简单的说教，而是要通过日常生活中的言传身教，让孩子在潜移默化中学会如何建立健康、适度的人际关系。尊重孩子的独立人格，在给予必要引导的同时，也要给予适当的成长空间，帮助孩子自然而然地形成正确的交往观念和处事原则。

关注孩子的生活

家长应当以温暖而细致的方式关注孩子的日常点滴，主动了解他们在学习生活中的喜怒哀乐。可以鼓励孩子积极参与各类有益的课外活动，无论是活力四射的体育竞技，陶冶性情的艺术创作，还是启迪智慧的阅读时光，都能为孩子的成长注入丰富养分。通过培养多元的兴趣爱好，让孩子在充实而有意义的课余生活中开拓视野、结交良友，这不仅能帮助孩子合理分配精力，更能引导他们将青春期的情感萌动转化为自我提升的动力，在健康向上的环境中自然成长。

提供适当的性教育

在青少年成长过程中，家长应当以科学、开放的态度，为孩子提供必要的成长教育。这包括帮助他们正确认识身心发展规律，理解健康人际关系的界限，以及不同交往方式可能带来的影响。通过这样的引导，能够培养孩子理性判断的能力，更好地保护自己的身心健康。

需要理解的是，青少年对亲密关系的向往，往往源于情感发展的自然需求。当孩子对某人产生特殊情感时，会渴望建立更深层次的联结。我们注意到，现在有些孩子会模仿成人使用某些特定称谓，这种现象反映出家庭互动模式对孩子的影响——父母日常的相处方式常常会成为孩子学习亲密关系的范本。

当亲子沟通不足时，孩子可能会更渴望从同伴关系中寻求情感满足。如果家长对这些成长话题保持回避，孩子很可能通过其他渠道获取信息，这反而增加了正确引导的难度。

因此，当发现孩子特别重视某段关系时，简单禁止往往收效甚微，甚至可能引发逆反心理。更妥善的方式是保持平和沟通，理解孩子的真实想法，在尊重的基础上给予适当引导，帮助他们在成长过程中建立健康的人际关系观念。

俗话说："冬天酝酿，春天播种，夏天成长，秋天收获。"在适当的季节做适当的事。花季是美好的季节，但不是成熟、收获的季节。美好的情感需要合适的土壤和丰富的养料。相信您一定能陪伴孩子顺利度过这最美好的季节。

推荐阅读书目：

• 《赋权型性教育：给孩子好的性教育》 作者：方刚　中国劳动社会保障出版社
• 《家庭性教育 16 讲》 作者：方刚　中国社会科学出版社

（本章作者：羊　静）

第十章　从家庭到社会的有志青年

在成长的旅途中，责任是引领孩子前行的灯塔。本章节将深入探讨如何在家庭的温馨港湾中播种责任的种子，让孩子在参与家务中学会担当；进而延伸至社会，通过实践活动培养公民意识；最终，引导孩子心怀家国，理解并承担作为国家未来主人的重任。让我们携手，为孩子的全面发展奠定坚实的基础。

1
承担家庭责任，爱与奉献的起点

子女是即我非我的人，因为"即我"，所以更应该尽教育的义务，交给他们自立的能力；因为"非我"，所以也应同时解放，全部为他们自己所有，成为一个独立的人。

—— 鲁迅

这句话深刻体现了鲁迅对家庭教育的重视，以及他对培养孩子自立能力和承担家庭责任的看法。他认为，作为父母或家庭成员，我们有责任和义务去教育孩子，而教育的核心之一就是培养他们的自立能力。这种自立能力不仅关乎孩子个人的成长和发展，更是他们未来能够承担家庭责任、社会责任乃至国家责任的重要基础。同时，鲁迅强调了"解放"的重要性。这里的"解放"可以理解为让孩子在成长过程中逐渐摆脱对父母的过度依赖，学会独立思考、自主决策和承担责任。只有这样，孩子才能真正成为一个独立的人，为家庭和社会贡献自己的力量。

如何唤醒孩子的责任感，避免成为只会自我牺牲和自我感动的父母？

以身作则，做独立的父母

父母往往是孩子最直接的模仿对象，父母的行为方式和态度对孩子具有非常深远的影响。因此，为了培养孩子的家庭责任感，父母首先需要以身作则，展现出独立、负责任的形象。优秀的父母绝对不是以孩子为中心的父母，每一个父亲或者母亲还扮演着其他不同的社会角色并承担相应的社会责任；我们应该让孩子看到父母是如何承担家庭责任和其他的社会责任的，让孩子通过观察知道自己的父母是独立的社会人，而不是整天围着他转的陪伴工具。当父母在家庭和社会生活中展现出如：独立处理家庭事务、承担家庭责任、遵守社会规范等行为和品质时，孩子也会在日常生活中不自觉地模仿和学习，逐渐形成自己的家庭社会责任感。

父母言行误区

1. 过度依赖与缺乏独立性

有些父母在实际生活中表现出过度依赖他人的倾向，不愿独立处理家庭事务或面对生活挑战，而是依赖配偶、长辈或外部资源来解决问题。这种依赖性可能会无意中传递给孩子，孩子认为依赖他人是理所当然的，从而缺乏自主解决问题的能力和勇气。

2. 忽视自身成长与提升

有些父母可能忽视了自身的成长与提升。他们可能认为只要为孩子提供良好的生活环境和教育资源就足够了，而忽略了自身在知识、技能、情感等方面的培养。如果父母停滞不前，无法为孩子提供新的学习目标和动力，那么孩子的成长也可能受到限制。

3. 不注意情感表达的方式

有些父母可能过于严厉或冷漠，缺乏与孩子的情感交流；而有些父母则可能溺爱或放纵孩子，无法给予孩子适当的约束和引导。过于严厉或冷漠的父母可能会让孩子感到害怕或疏远；而溺爱或放纵孩子的父母则可能会让孩子变得自私或无法无天。这些都不利于孩子形成健康的情感和人格。

4. 言行不一致

言行一致是建立信任和尊重的基础。父母在教育孩子时，应该确保自己的言行与所传达的价值观保持一致。如果父母对孩子提出要求或承诺某事，但自己却无法做到，这会让孩子感到困惑和失望，甚至对父母的权威产生质疑。同时会让孩子自然而然地认为自己可以和父母一样不诚信，对自己说过的话和作出的承诺可以不执行、不兑现；长此以往孩子便会觉得说谎和不诚信是达成目标的一种有效手段，进而丧失责任意识。因此，父母在培养孩子家庭责任感时，应该做到言行一致，确保自己的承诺和行动能够相互印证。同时，对于自己无法做到的事情，父母应该坦诚地告诉孩子，避免给孩子树立不切实际的期望。

5. 不允许孩子犯错

换位思考是理解和尊重他人的重要方式。在培养孩子家庭责任感的过程中，父母应该学会从孩子的角度思考问题，理解他们的需求和困惑。当孩子犯错时，父母不应该立即责备或惩罚他们，而是给予他们理解和支持，帮助他们分析错误的原因并找到改正的方法。

通过这种方式，父母可以让孩子感受到自己的关爱和支持，同时能够培养他们的自我反思和解决问题的能力。此外，允许孩子犯错是培养他们责任感的重要途径。通过面对和承担自己犯的错误，孩子可以逐渐学会如何对自己的行为负责。

不过，父母在换位思考时，一定注意不要过于关注孩子的情感和处境，以至于忽略了自己的立场和需求，甚至可能放弃自己的观点和利益，以迎合孩子的需求。这不仅无助于解决问题，还可能给孩子带来不必要的负担和压力，让孩子觉得自己的所有要求都是合理的，从而缺乏自我反省和成长的机会。

6. 忽视错误的严重性

虽然可以允许孩子犯错，但并不意味着父母应该对孩子的所有错误都视而不见。有些错误可能涉及道德、安全或法律等，需要父母及时介入和纠正。忽视错误的严重性可能会让孩子养成不良习惯或行为模式，甚至走上歧途。

7. 缺乏引导和反思

孩子犯错后，父母应该选择恰当的时机进行适当的引导和反思，帮助孩子从错误中学习并成长。父母只是简单地允许孩子犯错而不进行任何引导，不让孩子反思，那么孩子可能会重复犯同样的错误，无法真正从错误中汲取教训。

敢于放手，能做的让孩子自己做

放手让孩子独立面对挑战是培养他们责任感和独立性的重要手段。随着孩子年龄的增长和能力的提升，父母应该逐渐放手让他们独立处理一些事务。这不仅可以让孩子感受到自己的成长和进步，还能够培养他们的自信心和责任感。通过这种方式，孩子可以逐渐成为独立、自主、负责人的人。

有时父母表面上说放手，让孩子自己做决定和处理事情，但实际上仍然通过各种方式（如言语暗示、行为示范、过度关注等）对孩子施加影响，使孩子感受到来自父母的压力。如果孩子无法真正体验到自主决策和独立行动的乐趣与成就感，那么随之而来的，可能是感到更加困惑和焦虑。同时，虚假的放手会削弱孩子的自信心和独立性，使他们难以形成自我管理和自我负责的能力。

倘若父母将"放手"误解为"放任"，对孩子的事情不闻不问，不给予孩子必要的指导和支持。孩子在缺乏父母关注和引导的情况下，可能会陷入迷茫和困境，无法有效应对生活中的挑战和困难。

若父母在放手让孩子做事时，没有充分考虑孩子的年龄和能力特点，盲目地让孩子承担超出其能力范围的任务，会让孩子感到挫败和沮丧，打击他们的自信心和积极性。同时，孩子可能因为无法胜任任务而产生逃避和依赖心理，影响其独立性和自主性的发展。

2

参与社会实践与志愿服务，做社会的主人

自己无论怎样进步，不能使周围的人们随着进步，这个人对社会的贡献是极其有限的，绝不以孤独、进步为满足，必须负担责任，使大家都进步，至少使周围的人都进步。

——邹韬奋

邹韬奋先生深刻阐述了个人进步与社会责任之间的紧密联系，以及个人如何通过自己的行动去影响和带动周围人的共同进步。同时，这段话还传递了一个重要的信息，那就是社会的进步需要每一个人的参与和贡献。无论我们的身份如何、能力大小如何，只要我们愿意承担起推动社会进步的责任，并付诸实践，我们就能够为社会的进步贡献自己的力量。因此，我们应该时刻保持一种积极向上的心态，不断提升自己的能力和素质，同时积极关注和参与社会事务，为社会的进步贡献自己的一份力量。

价值观教育，学会感恩

蔡元培先生曾说："若无德，则虽体魄智力发达，适足助其为恶。"从古至今，在评价人才时，有夸人"德才兼备"的，也有批评"德不配位"的——"德"始终是一个重要标准。而在"德"的要求中，承担社会责任是绕不过的关键点，而社会责任是指个人或组织在与社会互动中应承担的道德和法律义务，旨在促进社会整体福祉并实现可持续发展。通过教育和引导，帮助孩子树立正确的价值观，理解个人与社会的关系、个人行为对社会的影响，是培养孩子社会责任感的关键。感恩是一种积极向上的生活态度，也是社会责任感和道德品质的体现。学会感恩能够帮助孩子更好地认识自己、理解他人，从而建立更加和谐的人际关系。同时，感恩能激发孩子的积极性和创造力，促使他们更加努力地学习和生活。

父母言行误区

• **过于注重学习成绩，忽视感恩教育**：一些父母过于关注孩子的学习成绩，认为只要

孩子学习好，就能有好前途，就是最大的成功。他们往往忽视了感恩教育，没有意识到感恩是一种重要的情感和价值观，对于孩子的全面发展同样重要。这种误区导致孩子可能只注重自我成就，缺乏对他人的感激和尊重，难以形成健全的人格和社会责任感。

• **包办代替，剥夺孩子的感恩机会**：一些父母习惯于为孩子包办一切，从生活琐事到学习任务，都尽可能地替孩子完成。他们不愿意让孩子承担任何责任和义务，认为这样可以让孩子更加专注于学习。然而，这种做法剥夺了孩子通过劳动和付出体验感恩的机会。孩子长期生活在这种环境中，容易形成依赖心理，认为他人的付出是理所当然的，从而缺乏感恩之心。

• **单向灌输感恩理念，缺乏互动与反馈**：一些父母在进行感恩教育时，往往采用单向灌输的方式，告诉孩子要感恩父母、老师和社会等。然而，他们却忽视了与孩子之间的互动和反馈，没有让孩子感受到自己也被他人所感激和尊重。这种单向的感恩教育难以激发孩子的内在动力和情感共鸣。孩子可能只是表面上接受感恩理念，但内心深处并没有真正理解和认同它。

• **将感恩与内疚混淆**：有些父母在培养孩子的感恩之心时，可能会通过强调自己的付出和牺牲来让孩子产生内疚感。他们认为这样可以让孩子更加珍惜和感激自己所拥有的一切。然而，这种做法实际上是将感恩与内疚混淆了。长此以往，孩子可能会因为内疚而感到沉重和压抑，甚至产生逆反心理。他们可能会认为父母的付出是一种负担和压力，从而无法真正感受到感恩的喜悦和温暖。

• **缺乏榜样作用**：父母的言行举止对孩子具有深远的影响。然而，一些父母在日常生活中并没有展现出良好的感恩行为和态度，这给孩子树立了一个不良的榜样。孩子可能会模仿父母的行为和态度，形成错误的价值观和行为习惯。

同理心教育，学会换位思考

父母坚持对孩子进行同理心教育，学会换位思考，是一项至关重要的任务。这种教育方式不仅有助于孩子个人情感的健康发展，还能促进他们社会交往能力的提升，以及形成积极、负责任的品格。

父母言行误区

• **混淆同理心与同情心**：不能将同理心简单地等同于同情心，认为只要对孩子表示同情和安慰就是同理心的体现。然而，同理心不只是理解和感受孩子的情绪，更重要的是能够站在孩子的角度思考问题，理解其背后的原因和动机。这种混淆可能导致父母只是表面上关心孩子，而没有真正深入孩子的内心世界，从而无法提供有效的支持和帮助。

• **过度认同孩子的行为**：在尝试理解孩子的过程中，一些父母可能会过度认同孩子的行为，甚至为孩子的错误行为找理由。他们可能认为，只要理解了孩子的情绪，就应该接受其所有行为。这种过度认同会削弱父母的教育权威性，让孩子误以为自己的错误行为是可以被接受的，不利于其形成正确的价值观和行为习惯。

• **缺乏真诚的沟通态度**：有些父母在尝试与孩子沟通时，可能只是出于形式或习惯，而缺乏真诚的态度。他们的言语可能只是表面的安慰或说教，而没有真正倾听和理解孩子的内心感受。缺乏真诚的沟通态度会让孩子感到被忽视或不被理解，从而加剧其负面情绪和错误行为。

• **缺乏持续性和一致性**：同理心教育是一个长期且持续的过程，需要父母在日常生活中不断实践和强化。然而，一些父母可能只在孩子出现问题时才表现出同理心，而在平时则缺乏这种态度和行为。缺乏持续性和一致性的同理心教育会让孩子感到困惑和不安，他们可能无法形成稳定的自我认知和情感调节能力。

体验教育，在实践中培养社会责任感

实践原则在培养孩子社会责任感的过程中具有不可替代的作用。它不仅能够加深孩子对社会责任的理解和认知，还能够培养他们的实践能力、责任感和使命感，促进情感共鸣和价值观的形成。因此，家长和教师应该高度重视该原则的实施，为孩子提供更多的实践机会和平台，让他们在实践中成长、在体验中感悟、在感悟中升华。

父母言行误区

• **过度保护，限制孩子的实践机会**：一些父母出于对孩子的过度保护，担心他们在实践中会遇到危险或困难，因此限制孩子参与各种社会实践活动。他们可能认为，只要孩子在家好好学习，将来就能有出息，无须过多地参与社会实践。这种过度保护会剥夺孩子通过实践学习和成长的机会，导致他们缺乏社会经验和责任感。

• **替代参与，忽视孩子的主体性**：有些父母虽然意识到社会实践的重要性，但他们却倾向于替代孩子参与这些活动。例如，他们可能自己代替孩子完成社区服务的任务，或者为孩子选择他们认为"有意义"的实践活动，而不是让孩子根据自己的兴趣和需求来选择。这种替代参与会削弱孩子的主体性和自主性，使他们无法真正体验到社会实践的乐趣和价值。孩子可能会感到被忽视或不被尊重，从而失去参与社会实践的积极性和动力。

• **功利导向，忽视实践的教育意义**：一些父母在引导孩子参与社会实践时，过于注重活动的功利性，如是否能获得荣誉、证书或加分等。他们可能认为，只有这些实质性的成果才能证明社会实践的价值。这种功利导向会扭曲社会实践的初衷，使孩子无法真正体验到社会实践对于个人成长和社会发展的重要意义。孩子可能会变得急功近利。

• **缺乏引导，放任自流**：与过度保护相反，有些父母在引导孩子参与社会实践时缺乏必要的引导和监督。他们可能认为孩子已经长大成人，应该能够自己处理一切事务，因此放任孩子自由参与各种社会实践活动。这种放任自流可能会导致孩子在实践中迷失方向或遇到挫折时无法及时得到帮助和支持。

• **忽视反馈与总结**：一些父母在孩子参与社会实践后，忽视了对孩子实践经验的反馈和总结。他们可能认为孩子完成任务就可以了，无须再花费时间和精力去回顾和反思，这样会使孩子无法从实践中获得深刻的体验和感悟。孩子可能会错过宝贵的成长机会，无法及时纠正自己的错误和改进此次的不足，也无法将实践经验转化为自己的知识和能力。

解决问题的尝试

1. 设立家庭志愿服务日

在周末或者假期，家长可以设定一天作为家庭志愿服务日，把全家动员起来为社会尽自己的一份绵薄之力。活动的形式很多样，可以去公园清理垃圾、为小区公共区做保洁、在街上为公益活动发宣传单、在博物馆做志愿讲解员、为社区的孤寡老人提供帮助。在开展家庭志愿服务日活动的过程中，孩子既能亲身体会为社会做贡献的快乐，并在实践中得到很多书本上学不到的知识和技能，也有助于增进家庭成员对彼此的了解与关爱，从而让孩子学会感恩、珍惜家庭温暖。

2. 设立家庭"无车日"或"步行日"

设立家庭"无车日"或"步行日"是一个既有趣又富有教育意义的活动，旨在增强家庭成员的环保意识，促进家庭成员形成健康的生活方式，并共同为减少碳排放和缓解交通拥堵作出贡献。

家庭"无车日"或"步行日"计划		
日期	选择一个合适的日期作为"无车日"或"步行日"	
主题	为活动设定一个明确的主题，如"绿色出行，健康生活"或"携手步行，共筑美好家园"，以激发家庭成员的兴趣和参与感。	
规划	路线	根据家庭成员的年龄、身体状况和兴趣，规划一条适合步行的路线。可以选择附近的公园、博物馆、图书馆等作为目的地。
	准备物品	准备必要的物品，如舒适的鞋子、防晒霜、水壶、雨伞以及可能的急救包等。
宣传与动员	召开家庭会议，向所有成员介绍"无车日"或"步行日"的意义和计划，并征求大家的意见和建议。同时父母和孩子一起制作海报或宣传单，用图画和文字表达活动的主题和目的，然后将其贴在家中的显眼位置，以营造浓厚的氛围。	
互动游戏	为了增加活动的趣味性，可以设计一些互动游戏或挑战任务，如寻找特定颜色的花朵、记录遇到的野生动物种类等。	
总结与分享	到达目的地后或返回家中后，组织一次简短的回顾会议，让每位家庭成员分享自己的感受和体验。可以讨论步行的好处、遇到的趣事以及需要改进的地方等。同时，用相机或手机记录下活动的精彩瞬间，制作成相册或视频，留作纪念。这不仅可以让孩子感受到自己的成长和变化，还能成为家庭的美好回忆。	

3. 引导孩子策划小型社会实践活动

孩子策划小型社会实践活动是一个既锻炼组织能力又增强社会责任感的过程，让孩子在实践中体会到自身存在的意义与价值，并在过程中增强自身能力和实现自我肯定。

XX实践活动计划书（模板）

一、活动主题

选择主题：根据当前社会热点、学校要求、个人兴趣等因素，选择一个具有教育意义和社会价值的主题。例如，环保、社区服务、文化传承、科技创新等。

二、明确目标

设定清晰、可衡量的活动目标。这些目标可以包括提高公众意识、解决实际问题、增强团队协作能力等。

三、制订活动计划

1. 时间安排: 确定活动的具体时间,包括准备阶段、实施阶段和总结阶段。确保时间安排合理,不影响正常的学习和生活。

2. 人员分工: 根据活动需要,将任务分配给不同的成员。明确每个人的职责和角色,确保活动顺利进行。

3. 预算规划: 制订详细的预算计划,包括活动所需的物资、交通、餐饮等费用。尽量节约开支,避免浪费。

四、活动准备

1. 资料收集: 收集与活动主题相关的资料,包括政策文件、统计数据、案例研究等。这些资料有助于更好地理解和分析问题。

2. 物资准备: 根据活动需要,准备必要的物资和设备。例如,宣传材料、调查问卷、测量工具等。

3. 宣传动员: 通过社交媒体、校园广播、海报等方式宣传活动,吸引更多的参与者。同时,做好参与者的动员工作,激发他们的积极性和热情。

五、活动实施

1. 现场组织: 在活动现场,做好组织工作,确保活动有序进行。注意安全问题,确保参与者的安全。

2. 互动交流: 鼓励参与者之间进行互动交流,分享彼此的看法和经验。这有助于增进对彼此的了解,促进合作。

3. 数据收集: 根据活动需要,收集相关数据和信息。这些数据可以用于后续的分析和总结工作。

六、活动总结与反馈

1. 成果展示: 通过报告、展览、演讲等方式展示活动成果。这有助于向学校、社区和社会展示活动的价值和意义。

2. 经验总结：对活动进行总结和反思，分析成功经验和不足之处。这有助于为未来的活动提供借鉴和参考。

3. 反馈收集：收集参与者和相关方的反馈意见，了解他们对活动的看法和建议。这有助于不断改进和完善活动方案。

3

培养志气、骨气、底气，做新时代的青年

何为志气？志气来源于情怀，一个没有家国情怀的人谈不上志气；志气是对国家、对民族的忠诚；志气是贡献，是脚踏实地，为国家、民族不惜抛头颅洒热血，是国家民族至上、人民利益至上。

骨气是什么？骨气是自信，一个没有自信的人没有骨气，软骨头永远挺不起民族的脊梁。自信何来？自信源于中华民族五千年的文明，源于党的领导，源于百年的艰苦奋斗，源于今天的建设成果。

怎么做到有底气？有底气的人都是有能力的人、有底气的人都是有贡献的人、有底气的人都是有作为的人，无论他在什么岗位上，哪怕他是一个小小的职员、一个普通的工人、一个农民，只要他有理想、信念、追求，他在岗位所作的贡献一定是大贡献。

——西安交通大学原校长王树国

以上三段话来自 2021 年王树国校长在西安交通大学毕业典礼上的讲话。正如王树国校长所讲，新时代的中国青年要有志气、骨气、底气，做不到这三点谈何接班人，谈何国家民族之脊梁。而我们对于孩子的培养，对于孩子成长的期待更应符合国家和民族对他们的要求和期待。如何培养孩子的家国情怀，如何塑造孩子的志气、骨气、底气，也是我们作为家长必须思考的。

厚植家国情怀：心中的根与魂

家国情怀，简单来说，就是一个人对自己国家和家庭的深厚感情和责任感，它是我们心中的根与魂，是我们无论走到哪里，无论遇到什么困难，都会坚守的信念和力量，而在当今信息爆炸的时代，这种信念和力量显得尤为重要，因为孩子们所接触的世界更加丰富，也更加复杂。在这种情况下，培养孩子的家国情怀就变得特别重要了，而作为父母首先要做的是让孩子了解自己的国家及家庭，把我们国家悠久的历史和灿烂的文化，以及家庭所具有的温暖和守候介绍给孩子。这样孩子不仅可以加深对自己国家的认识和认同，而且可

以在今后的人生道路上坚定信念。要传达的信息是，不论走到哪里，成为怎样的人，作为中华民族的一分子，大家的根永远扎在这片故土之上，大家的心灵与这片大地紧紧相连。

1. 赓续血脉根基，铭记家国印记

孩子自懵懂之时，便在心田上深深打下"我是中国人，此生不变"的身份印记，这份身份认同感是培育孩子家国情怀的肥沃土壤，它从国家波澜壮阔的历史长卷中，从璀璨夺目的文化瑰宝中，从英勇无畏的英雄人物中得到了滋养，在孩子的心田上茁壮成长起来，使他们的民族自豪感如参天大树一般。因此，我们要以国家的历史长卷、文化瑰宝、英雄人物为营养源，在孩子的心田播撒民族自豪感的种子。多给孩子讲讲民族英雄的故事，多带孩子去看看蕴涵丰富历史文明的建筑古迹，多带孩子去领略一下祖国的大好河山，让中国人的身份认同和中华民族的血脉精神潜移默化地在孩子心中打下深深的烙印。

2. 秉承家风家训，点亮心灵灯塔

让孩子从小树立正确的家庭观念，让家风家训像指引方向的灯塔一样照亮孩子前进的道路。为达到此目的，作为父母要起到表率作用，成为孩子模仿的对象，在言传身教中让孩子认识人格理想与远大目标，在充满爱心与责任的家庭氛围中成长起来，从而对家庭和社会有深刻且牢固的责任意识，像磐石一样坚不可摧。通过立家规、传家训、严家法等方式让孩子明白家在中国人心中不可替代的意义，从而在孩子的心灵深处建立正确的家庭观念。

3. 传统文化教育，播种家国情怀

在初中阶段，对孩子进行中华优秀传统文化的启蒙教育很有必要，这样做可以在孩子的心中种下一颗具有家国情怀的种子。在家庭中，我们可以用中国传统节日的浓厚气氛和独特神韵让家国情怀的种子在孩子的心中生根发芽并茁壮成长；还可以通过对中华传统美德故事的讲述和示范，将中华传统美德深植孩子的内心；抑或与孩子共读经典，在中华优秀传统文化的海洋中畅游，将民族精神的力量深深刻进孩子的骨髓中。通过以上做法，让孩子在认识并尊重自己文化根源的同时体会传统文化的魅力与力量，从而对国家和民族有深切的认同感。

提升志气：梦想的翅膀

一个人的志趣，是对他今后所向往与追求的概括，这是那团燃烧在内心深处的火焰与

光芒。"没有志向的人与失去方向之舟一样是毫无头绪与归宿的。"作为父母，在鼓励孩子追求梦想的时候不要轻言嘲笑与打击其"天真"或"不切实际"，因为每一个伟大的梦想都是从一个个小而微的"想法"开始的。

1. 树立榜样

家长要成为孩子的鲜活榜样，通过自身的坚持和努力，展现一个有志气的人是如何面对挑战、克服困难并最终取得成功的。在日常生活中，家长可以分享自己的奋斗经历，让孩子看到成功背后的汗水和努力，从而激发他们内心的斗志和勇气。

2. 鼓励孩子探索与发现

鼓励孩子勇敢地尝试新事物，积极探索未知的领域，培养他们的好奇心，让他们对周围的世界充满好奇心和求知欲。在探索的过程中，孩子会发现自己的兴趣和潜能，这些发现将为他们追求梦想提供源源不断的动力。

3. 设定明确目标

帮助孩子制订明确具体的近期、远期目标，引导孩子学会对人生道路进行规划。目标要有度量，让孩子看到自己的进步，看到成绩，孩子才能朝着成功的方向走得更坚定。父母可与子女共同确立目标，并给予必要的辅导与扶助。

4. 培养抗挫力与在逆境中成长的能力

在孩子遇到困难和挫折时，家长要给予他们坚定的支持和鼓励，帮助孩子学会从失败中汲取教训，培养他们坚韧不拔和在逆境中成长的能力。让孩子明白，挫折和失败是成长的一部分，只有经历过这些，他们才能变得更加坚强和成熟。

5. 强调自我价值与独特潜力

向孩子传达一个重要的信息：每个人都有自身值得挖掘的价值与潜力。在鼓励孩子把自己的长处发挥到最大限度的基础上，培养孩子勇于追逐自己梦想和信念的力量，不会受到外界评价的干扰与左右。家长要帮助孩子树立自信，使他们对完成自己的目标充满信心和信念。

6. 提供实践与展示机会

给孩子提供丰富的实践机会，使他们有机会把所学到的知识运用到实际生活中，展示自己的才能和领导力，并让孩子有机会在团队活动中担任小领导等角色。通过这些经历来培养孩子的志趣与自信，使他们从实际经历中学到很多有关合作与领导能力的知识，这些宝贵的经验将成为孩子成长之路上的宝贵财富。这样他们一定会在以后的人生道路上勇敢面对挑战并承担责任，同时为未来的发展打下坚实的基础。

培养骨气：挺直的脊梁

现在的孩子生活在物质生活丰富的时代，但同时面临着空前的压力和挑战。诸如学业上的竞争、对人际关系的处理、网络信息的冲击等问题都可能给孩子带来困惑与无力感。所以作为父母，在教育孩子如何面对这些挑战的同时，要让他们有骨气，使他们在面对任何困难的时候都能挺起腰板，有敢于挑战困难的勇气。

1. 尊重孩子的个性和想法

鼓励孩子大胆说出自己的所思所感，并尊重其特有的思考方式和认识方式，这是建立孩子自尊与自信的重要基石，也是培养孩子气节的关键。当孩子将心中所想一五一十地倾诉给我们时，在认真倾听并尽量了解其立场和感受的基础上，对其不同意见给予充分的重视与包容。要让孩子懂得，他的每一个独特思路都会被重视，同时面对别人不同意见的时候，能保持不卑不亢，在尊重的基础上不人云亦云，保持思想的独立。

2. 培养独立性和责任感

在适当的范围内，让孩子参与到决策过程中，比如选择兴趣班、安排日常活动等。这样不仅可以培养他们的自主性和决策能力，还能让他们感受到自己的价值和影响力。同时，我们要让孩子承担一些力所能及的家务或任务，让他们明白自己的行为会对他人产生影响，从而培养他们的责任感。我们要让孩子知道，每个人都是家庭和社会一分子，都有责任和义务为他人和社会作出贡献。

3. 教育尊重与正义感

教导孩子尊重每个人的权利和感受，无论他们的年龄、性别、种族、宗教或社会地位如何。这是培养孩子公正、平等价值观的重要途径。我们要让孩子明白，每个人都应该受到平等的对待和尊重，没有人应该因为自己的不同而被歧视或排斥。在遇到不公平对待时，我们要鼓励孩子勇敢站出来维护正义，培养他们的正义感和勇气，要让孩子知道，面对不公，不能选择沉默和逃避，而应该勇敢地站出来，用我们的力量和智慧去改变它。

4. 教会孩子拒绝和选择

如今的世界无时无刻不充斥着各种各样的诱惑，教会孩子如何取舍与拒绝同等重要，要让孩子知道并不是所有的东西都值得追求。同样，不是所有的机会都必须抓住，要学会根据自己的价值观与目标作出明智的决定，不因盲目从众而丧失自我，也要学会权衡利弊、明辨是非，做到有取舍、有计划且果断行动。另外要教给孩子如何优雅地拒绝与自己价值观相违背的东西或机会，做到心中有数并坚守自己的立场与原则，这样孩子才会在以后的人生道路上坚定自信，一往无前地走向成功。

增加底气：内心的力量

底气是一个人所具有的自信与镇定自若的力量，使人在应对任何情况时都能保持冷静和理智并作出有条不紊的应对。底气来源于人的知识和阅历以及自身所具备的各种能力。当孩子拥有足够的知识阅历和具备各种能力时，不论行走于什么地方，都会在内心中产生足够的自信。所以作为父母，在关心孩子学业成绩的同时，更要关注孩子自身能力的发展，包括兴趣爱好的发掘和培养，社交能力的培养以及情感的表达。

1. 强化家庭教育的基础作用

良好的家庭氛围很重要，有利于孩子获得尊重、理解和支持，从而在家庭中茁壮成长。为了达到这一目的，需要营造一种充满爱与安全感的环境，并鼓励家庭成员之间进行积极沟通，倾听并尊重孩子的意见与感受，使孩子有畅所欲言的机会。另外，要给予孩子合理的期望，既避免给孩子施加过大的压力，又与孩子的实际能力相适应，以激励孩子循序渐进地成长，建立一种积极向上的家庭氛围的同时，在生活中给予孩子足够的支持与鼓励，让家庭成为孩子最大的底气。

2. 培养孩子的内在品质和能力

以培养孩子内在的品质和能力为目的，对孩子的兴趣和热情给予重视，并通过正面的引导和鼓励来促使孩子把兴趣和热情转化为内在的动力，从而更加主动地进行学习和探究，当孩子取得进步的时候，及时给予认可和鼓励，以增强孩子的成就感和自信心。同时，在培养孩子的自律和自主性方面，给予孩子一定的自主性，使他们学会对自己的生活和学业进行规划，以增强孩子的自我管理能力；在培养孩子解决问题和面对挑战的能力时，要鼓励孩子自己动手去解决问题和面对挑战，锻炼孩子的思维能力和解题能力，而不是过分介入，要让孩子自己发现问题、思考问题、解决问题，而不是简单地给出答案。

3. 注重孩子的心理健康和情感支持

孩子的心理健康和情感需求同样值得我们关注。我们要多与孩子沟通交流，关注他们的情感变化和需求，特别是在他们遇到挫折或困难时，给予他们足够的理解和支持。同时，我们要教导孩子学会积极面对生活中的挑战和困难，保持乐观的心态和向上的精神风貌。为了增强孩子的幸福感和满足感，我们要鼓励他们学会感恩和珍惜生活中的美好事物。最后，与孩子建立信任关系也是至关重要的。我们要让他们知道，无论何时何地，他们都可以获得父母的支持和帮助。这种信任关系将为孩子提供强大的心理支撑和安全感，助力他们健康成长。

通过这些方法的综合运用，我们可以帮助孩子建立自信，让他们在未来的生活中更加从容地面对各种挑战和机遇。

（本章作者：周云浩）

第三部分
初三、初升高

第十一章 择校与升学途径

中考，是孩子求学路上的重要转折点，更是人生成长的关键节点。它不仅关乎孩子能否进入理想高中，更影响着孩子未来的发展方向。在这个信息爆炸的时代，升学既需要扎实的学识储备，更需要精准的信息导航。本章将为初中生和家长提供全方位的升学指南，从政策解读到优势挖掘，助孩子在升学征途中智掌先机，发挥所长，最终叩开理想高中的大门。让我们一起开启这场升学规划的智慧之旅吧！

1

中考分流，何去何从

一位妈妈的困惑

这段时间，正在上初中的女儿回家总问：

"妈妈，中考分流后，我能考上高中吗？我能考上大学吗？"

有朋友问孩子是不是学习不好所以才焦虑，我家孩子虽然学习成绩在班里不是数一数二的，但也是一直中等偏上。面对教育改革所带来的不确定性，我的孩子也切身感受到了这股压力。可作为家长，我也不了解政策，困惑无措。

中考分流是初三家长普遍关注的话题。由于优质高中教育资源相对有限，升学竞争日趋白热化，相当比例的学生将进入职业中学或技工学校就读。面对这一教育现实，家长产生忧虑情绪是可以理解的。了解中考分流政策，认知中考分流本质，是消除不必要焦虑、科学规划升学方案的重要前提。那么，究竟什么是中考分流？

信息窗口

1. 中考分流

中考分流政策是指在中考阶段，依据学生的学业水平测试成绩、综合素质评价结果以及职业适应性评估等多维度指标，将学生分配到不同类型的高中阶段教育机构进行继续教育的政策。中考分流政策的实施，旨在为学生提供多元化的教育选择，满足不同学生的教育需求。同时，有助于缓解高中教育阶段的升学压力，促进教育生态的良性发展。

2. 普高

普高即普通高中，属于高级中等教育学校的范畴，用以区别中师、中专、职高、技校等学校，普通高中是我国高级中等教育的主体，是高级中等教育的基本组成部分，是我国九年义务教育结束以后更高等的教育机构，上承初中，下启大学，学制一般为三年，是大众性和基础性的非义务性教育。普通高中分为公办普通高中和民办普通高中。

3. 中职

"中职"是中等职业学校的简称，是我国职业教育体系的重要组成部分。它包括中专、职高、技校等，主要面向初中毕业生，培养具备一定文化基础和职业技能的中等技术技能型人才。中职教育不仅为学生提供就业所需的专业技能，同时也为部分学生提供继续升学的通道。

（1）普通中等专业学校（中专）

①培养目标：中专学校主要培养具有扎实专业理论基础和较强实践能力的中级专业技术人才。学校开设的专业覆盖面广。

②学制：基础学制为 3 年，部分特殊专业学制为 4 年。

③特点：

课程体系较为系统，兼顾文化课（语文、数学、英语等）和专业课。

毕业后可获得中专学历证书，并可考取相关职业资格证书。

可参加职教高考升入高职或应用型本科院校。

（2）职业高级中学（职高）

①培养目标：培养具有一定职业技能的劳动者，部分学校兼顾升学需求。

②学制：基础学制 3 年。

③特点：

文化课与专业课并重，部分学校以升学为导向（如职高高考班）。

毕业后可获职高毕业证，并可参加普通高考或职教高考继续深造。

相比中专，职高的管理更接近普通高中，部分学校实行封闭式管理。

（3）技工学校（技校）

①培养目标：以培养技术工人为核心目标，重点培养学生的实际操作技能和动手能力。专业设置紧密围绕社会经济发展对技能型人才的需求，涵盖了众多热门技能领域。

②学制：

中级技工班：3 年（相当于中专层次）。

高级技工班：5 年（招收初中毕业生，毕业相当于大专层次）。

预备技师班：6 年（部分学校开设，培养高级技能人才）。

③特点:

以技能训练为主,文化课较少,强调动手能力。

毕业后获技工学校"毕业证 + 职业资格证"(如中级工证、高级工证)。

可通过单招或技能大赛升入高职院校,但一般不能直接参加普通高考。

中职教育作为现代职业教育体系的重要基础阶段,为学生提供了多样化的升学发展通道,绝非学历终点。以下是中职毕业生主要的升学发展路径:

(1)职教高考——主流升学通道

考试内容为"文化课 + 专业技能测试"。可升入高职(大专)或应用型本科。

(2)中高职贯通培养——无缝衔接通道

①"3+2"分段培养:前 3 年中职阶段,后 2 年通过转段考试升入对接高职院校。

②"3+4"中本贯通:中职 3 年,本科 4 年

(3)高职院校单独招生——提前录取通道

高职院校自主招生,考试难度低于高考,适合技能突出的学生。

(4)技能大赛保送——人才特殊通道

在国家级或省级职业技能大赛中获奖,可免试升入高职或本科院校。

(5)普通高考——突破性通道

职高生可以普通高中生身份参加高考,但需自学高中课程,难度较大。

2

多种途径，助力升学

一位家长的困惑

近年来，初升高的途径日益多样化，包括中考、直升、自主招生、特长生招生以及国际学校、合作办学项目等多种方式。多样性虽然为孩子提供了更多选择，但也让我们家长在面对众多选项时非常困惑，不知这些途径到底是什么，也不知如何选择最适合自己孩子的升学途径。

初升高，不只是一场考试，更是关乎孩子未来发展路径的重要选择。面对多元化的升学途径，家长和孩子需要全面了解各途径的特点与要求，结合孩子个性特质和发展潜力，为孩子的未来作出明智选择。了解起来！行动起来！

1. 中考联招

中考联招是最主流的高中升学方式，学生参加全市统一组织的中考，考试科目通常包括语文、数学、英语、物理、化学、道德与法治、历史、体育。考试结束后，考生根据成绩填报志愿，高中学校按照分数从高到低依次录取。该方式竞争激烈，尤其优质高中的联招分数线较高。

优势：适用于所有学生，录取规则明确。

挑战：完全依赖中考成绩，容错率低，需科学填报志愿避免滑档。

2. 指标到校

指标到校是重点高中实施的重要招生方式，通常在每年4—5月（中考前）开展。该政策将优质高中的部分招生名额按比例分配到区域内各初中学校，旨在促进教育均衡发展。各区县根据实际情况制定差异化的录取标准，考生通过区域内竞争获得录取资格。指标到校的分数线一般低于中考联招的分数线，但一般要求考生学籍和户籍均在本区。

优势：缩小竞争范围，普通初中的优生更易进入重点高中。

挑战：名额有限，部分区域限制后续志愿填报（如选择指标到校后不得参加联招录取）。

3. 推荐生直升

部分教育集团或一贯制学校会通过校内选拔推荐优秀学生直升高中。选拔依据多为初中三年成绩、综合素质评价或校内测试。部分公立高中也会与特定初中签订协议，定向录取推荐生。

优势： 提前锁定升学资格，减轻中考压力。

挑战： 可选高中有限，需确认对口高中的教学质量。

4. 特长生招生

对于有艺术、体育等特长的学生，一些学校会设立特长生招生通道，并结合中考成绩择优录取。特长生招生通常要求学生在相关领域具备较高的水平和成绩，并需要参加学校的特长测试或面试。专业成绩合格后，一般文化课录取分数线会下降。

优势： 发挥特长优势，文化课压力较小。

挑战： 需平衡专业训练与文化课学习。

5. 自主招生

自主招生是部分具备自主招生权利的中学为了招收综合成绩或专科课程特别优秀的学生而设立的一种升学途径。自主招生考试一般由学校自主命题、单独组织，重点考查学生的学科素养和创新能力，各校的考试科目和难度存在差异。

优势： 突破中考局限，进行人才选拔。

挑战： 竞争激烈，考试难度高于中考，需针对性备考。

6. 国际学校或国际班

国际学校或公立高中国际班主要面向有出国留学意向的学生，提供国际化课程体系，如 IB（国际文凭）、AP（美国大学先修课程）、A-Level（英国高中课程）等。招生通常不依赖中考成绩，而是通过校内笔试（英语、数学等）和面试（英语口语、综合素质等）进行选拔。部分国际班会参考中考成绩作为录取条件之一，但更注重学生的英语能力、学术潜力及适应能力。

优势： 课程与国际接轨，便于申请海外大学。教学方式灵活，注重批判性思维和实践能力。部分学校提供升学指导，助力海外名校申请。

挑战： 学费高昂，经济压力较大。学生需较强的英语能力和自律性，适应全英文或双语教学。国内学籍可能受限，若放弃高考需谨慎规划。

3
如何择校，内有学问

一位家长的困惑

孩子快毕业了，现在有几所学校摆在我们面前，不知道如何选择？问问身边的亲朋好友吧，他们也只是听说，不太了解；去询问所谓的升学专家，得到的也只是介绍和分析，我到底该怎么办呢？

在择校这个问题上，家长需要明确一个核心理念：选择最适合孩子的学校，而非盲目追求所谓的"最好"学校。作为孩子最亲密的陪伴者和观察者，家长是最了解孩子个性特点、学习方式和生活习惯的人，自然也是最适合帮助孩子做出升学决策的人。

许多家长在择校时感到困扰和犹豫，究其根源往往在于对学校信息的了解不够。那么，在帮助孩子选择高中时，家长应该重点考量哪些关键因素呢？

（一）如何择校

1. 精准定位：知己知彼，百战不殆

（1）学业能力评估

建议系统分析孩子初中三年的成绩轨迹，特别关注孩子各学科均衡发展情况、成绩波动规律和稳定性以及在所在初中及所在区域的相对位置，通过对比目标高中历年录取分数对应的位次区间，对孩子学业能力进行相对科学的评估。

（2）个性特质分析

①自主管理能力

自主管理能力强的孩子，可以选择住读模式；需要较多督促的孩子，建议优先考虑走读模式或家长陪读。

②心理适应能力

• 外向竞争型学生：在优质高中的普通班可能获得更好发展。这类孩子具有强烈的进取心和竞争意识，在压力环境下往往能激发更大潜能，与更优秀的同龄人相处能形成良性竞争，促进其突破自我。

• 内向敏感型学生：普通高中的重点班可能是更优选择。这类孩子需要更多的肯定与鼓励，在受关注的环境中更能发挥学习潜力。

2. 学校评估：多维考量，科学决策

（1）教学质量分析

学校录取分数有高有低，根据孩子的成绩，了解不同学校的录取分数和排名情况，最好是确定目标校和保底校。

看学校的重点本科升学率，因为学校的重点本科升学率能够反映孩子在这个学校进入重点本科的概率。

把这些放在一起做一个综合衡量、判断。

（2）教育特色评估

①管理模式

不同学校的教育模式、管理方式各不相同，学生体验也会有所不同。不同的学校管理模式适合不同的孩子，严格管理型适合需要外部约束的孩子；自主管理型适合自律性强的孩子。

②课程体系

学校有各具特色的课程体系，家长可参加学校开放日实地了解和体验。

（3）成长支持考量

①评估家校距离

家校距离不是简单的通勤时间问题，其实更重要的在于，整个家庭的生活模式可能会有巨大的改变。比如夫妻双方是否需要有一个人给孩子做陪读，如果让孩子住读，会不会存在对孩子家庭教育缺失的问题，这些都是需要结合孩子和家庭情况做考量。

②关注设施设备

高中是孩子观念养成的重要时期，同时是长身体的黄金时期。实验室配置、

图书资源、体育设施、食宿条件、校园环境等都需要关注。

③评估师资力量

考虑学校时，建议多了解学校的师资稳定性、教师专业水平、教研能力等，保障孩子学情的稳定。

④了解发展规划

学校办学年限、规模、校风学风、班型及班级人数，以及学校发展的规划等，都需要考察。

⑤分析招生政策

• 招生范围

了解学校招生中对户籍、学籍的要求，确定孩子是否在目标学校的招生范围之内。

• 招生计划

了解学校招生人数变化趋势，对比往年招生计划，关注招生人数，因为这一点会影响每年的录取分数线。

• 录取规则

了解录取规则，将孩子的学业水平情况对照目标学校往年的中考录取分数线，定位孩子水平。

（二）择校提醒

在孩子的升学选择过程中，家长们常常因为时间精力有限而陷入一些误区。这些误区看似微小，却可能对孩子的成长发展产生深远影响。家长需要特别注意以下几个关键点：

1. 量力而行，理性选择教育投入

首先，关于教育投入的问题需要特别谨慎。现实中，不少家长为了让孩子获得"最好"的教育，不惜节衣缩食选择昂贵的私立学校或国际学校。他们可能同时打几份工，牺牲自己的休息时间，只为支付高昂的学费。然而，这样的付出未必能换来理想的效果。一方面，巨大的经济压力会让整个家庭的生活质量下降；另一方面，孩子在这种环境下可能会产生"必须成功"的心理负担，反而影响学习效果。更重要的是，高价并不等同于适合，教育的选择更应该看重匹配度而非价格标签。

2. 个性化选择，尊重孩子特质

择校过程中的从众心理需要警惕。每个孩子都是独特的个体，就像指纹一样不可复制。有的孩子活泼外向，适合竞争激烈的环境；有的则内敛敏感，需要更多的关注和鼓励。在选择学校时，不能因为"邻居家孩子去了那所学校"或者"同事说这个学校好"就盲目跟风。明智的做法是：先深入了解孩子的性格特点、学习习惯、兴趣爱好等，再根据这些特质寻找匹配的学校。可以让孩子参与择校过程，组织家庭会议充分讨论，这样的选择才会更科学。

3. 长远规划，关注未来发展

教育选择要有前瞻性眼光。特别是在考虑职业教育路径时，不能只看眼前的便利。比如选择"3+2"大专或者五年一贯制专业时，要调研该专业未来 3 ~ 5 年的就业前景、行业发展趋势。有些专业现在看似热门，但可能面临被人工智能替代的风险；而一些新兴专业虽然现在认知度不高，却可能是未来的朝阳产业。建议家长多咨询行业专家，参加职业规划讲座，用发展的眼光来做选择。

4. 全面发展，重视综合素质

要建立全面的评价体系。在应试教育环境下，很多家长不自觉地把成绩作为衡量孩子的唯一标准。实际上，孩子的价值远不止于分数。有的孩子学业出色但社交能力欠缺；有的成绩平平却极具创造力和动手能力。在择校时，要综合考虑孩子的各项素质：是否具备抗压能力？有没有特殊的才艺天赋？团队协作能力如何？这些因素往往比单纯的分数更能决定孩子未来的发展高度。

5. 注重实质，超越学校类型

关于学校性质的选择要理性看待。公办和民办各有利弊，不能简单以性质论优劣。公办学校学费相对便宜，但可能班额较大；民办学校管理更灵活，但费用较高。关键是要考察学校的实质：师资队伍是否稳定？教学管理是否科学？校园文化是否积极向上？建议家长实地走访目标学校，观察课堂教学，与在校师生交流，用事实而非印象来做判断。

总之，择校是一项需要智慧与耐心的工程。它考验着家长的眼界和格局，也影响着孩子的成长与未来。家长需要静下心来，根据孩子的特质和家庭的实际，做出最适合的选择。教育的真谛不在于选择"最好"的学校，而在于找到"最合适"的成长之路。

（本章作者：胡　迪）

第十二章　家长如何助力孩子

初三是一个关键的时期，是孩子学业生涯中的重要转折点，孩子面临着学业压力和中考挑战。这一阶段家长的支持与引导对孩子的成长和发展具有至关重要的影响。在这一章，让我们一起来了解初三孩子的心理特征及形成原因，探讨与孩子的相处之道，学习帮助孩子形成成长型思维以及多方借力助推孩子成长的方法。

1

别样青春：初三孩子的心理特征

一篇初中生的"吐槽帖"

真的不知道现在的学校是怎么想的，课表安排得满满的，喘口气的时间都没有，简直像个学习工厂。老师们讲课全靠自嗨，试卷上写着"相信你能考好"，但我更希望他们能先相信自己能把知识讲清楚！家长呢，也一样烦人，一天到晚一直问"作业写完了吗？""什么时候考试？""考不好怎么办？"他们懂什么是压力吗？只会站着说话不腰疼，成天拿"别人家孩子"来说事儿。我才不想当你们的孩子，你们找别人家孩子来当你们孩子好了。每天都是作业考试，生活一点儿盼头都没有，感觉自己越努力越难受，永远达不到他们的期待。

看到这位初三孩子的"吐槽帖"，您有什么感受？委屈？生气？担心？好笑？

初三孩子正处于青春期的重要阶段，心理冲突激烈，情绪复杂多变。家长需要深入了解孩子在此阶段的心理特点，采取针对性的教育和引导措施，帮助孩子顺利度过这个关键的成长阶段。

初三孩子的心理特征

1. 学业压力增大

初三阶段，学业压力增大，孩子需要应对繁重的学习任务，准备升学考试。这种压力不仅来自学校、老师、家长和社会的期望，也来自孩子内心的追求。在巨大的学业压力面前，孩子可能会出现焦虑、紧张等情绪问题，甚至产生逃避学习、自暴自弃的心理。

2. 自我意识增强

随着孩子自我意识进一步增强，他们开始专注于自己的内心世界，思考自己的兴趣、价值观以及人生目标。他们迫切希望找到自己的位置，并努力在他人的认可中实现自我价值。

关注自己的言行举止，关心他人对自己的评价，希望得到老师和同学的认可，通过兴趣爱好或社交圈层定义"我是谁"，出现价值观的摇摆（如在"听话的好学生"和"追求个性"之间产生矛盾），隐私需求增强等，这都是自我意识增强的表现。

3. 情绪波动明显

初三阶段的孩子时常因为学业压力、人际关系、家庭矛盾等问题而感到焦虑、沮丧、愤怒，情绪波动明显。他们既渴望被理解，又抗拒过度亲密的关系，生活在各种矛盾情绪之中。这些情绪如果不能及时发泄或疏解，日积月累，不仅影响他们的学习和生活，还可能对他们的心理健康产生负面影响。

因此，家长需要关注孩子的情绪变化，及时给予孩子关心和支持。

4. 社交需求增加

青春期是一个探索自我、建立人际关系的关键时期，孩子们渴望与同龄人建立深厚的友谊，分享彼此的经历、感受和梦想，寻求归属感和认同感。他们的社交需求增加，喜欢与朋友们一起交流、学习和成长。这种互动不仅有助于他们得到认同感，获得情感支持，也是孩子发展社交技能、沟通能力和团队合作能力的重要途径。

5. 独立意识增强

初三的孩子更加愿意独立思考问题，自主决策。他们渴望拥有更多自由的空间和时间，追求对自我人生的掌控。这种自主性的增强有助于他们培养自主意识和独立性，从而为未来的生活做好准备。

6. 开始职业规划

初三阶段的孩子，开始思考自己的兴趣和职业方向，对自己的未来进行初步规划。这有助于他们明确自己的人生目标和发展方向，从而更专注于当下。但这种规划较为模糊，容易受外界影响而反复变化。

7. 叛逆心理明显

青春期的孩子容易对家长、老师的教育方式和学校的管理产生抵触和不满情绪，他们追求自由、平等和尊重，不愿意受到过多的束缚和限制。初三阶段，孩子的叛逆心理可能会更加明显。

相处技巧

针对初三孩子的心理特征，与他们和谐相处、有效沟通，家长可以尝试运用以下策略，促进彼此理解和合作。

1. 增加情感支持

初三的孩子面临较大的学业压力，情绪易波动。家长不能针锋相对，一味指责，应无条件支持孩子，经常表达爱意与肯定，让孩子感受到父母对他们无条件的爱，让家成为他们坚强的后盾。

2. 保持沟通顺畅

家长应积极与孩子沟通，话题不仅限于学习，也包括他们的兴趣爱好、人际关系等，鼓励孩子分享日常生活和内心感受。交流过程中，家长应采用平等对话的方式，避免单方面说教，要倾听并尊重孩子的观点，给予孩子充分的时间和空间表达自己的想法和感受，增强他们的自信心和表达欲。青春期的学生可能会比较叛逆或情绪化，家长需要保持耐心，稳定情绪，让他们知道无论何时都可以找爸爸妈妈谈心。

3. 接纳孩子对压力的反应

家长应认识到孩子可能出现的焦虑、烦躁等情绪是正常的反应，避免过度反应或否定这些情绪，以免引发矛盾，导致情感对立。家长可以教给孩子一些简单的放松技巧，如深呼吸、听音乐、散步等。同时与孩子共情，尝试站在孩子的角度考虑问题，用"我明白你现在可能感到……"这样的话语共情，让他们感受到被理解。

4. 鼓励孩子独立自主

随着孩子独立意识的增强，家长应鼓励孩子在学习和生活上自己做决定，培养孩子的责任感。同时，家长要给予适当的指导和帮助，避免完全放手或过度干预。家长如何适当指导孩子而不让孩子反感呢？"观察—感受—需求—请求"四步法、"3∶1"积极反馈法则、元认知对话技术都是值得学习的沟通技巧。

5. 设定合理期望

共建 SMART 目标，与孩子共同制定具体（Specific）、可测（Measurable）、可达（Achievable）、相关（Relevant）、时限（Time-bound）的目标。保持期望的合理性，

使孩子有冲劲、有自信，看到孩子努力的过程，减少成绩给孩子带来的压力。

6. 参与解压活动

安排家庭放松时间，进行户外运动、看电影或共同参与趣味活动，这不仅能增进亲子关系，还能帮助孩子有效释放压力，让孩子保持积极乐观的情绪。

7. 识别求助信号

密切关注孩子的行为和情绪变化，一旦发现异常，应该主动询问、耐心倾听，表达关心和支持。如果情况持续得不到改善，应寻求专业人士的帮助。

8. 鼓励社交互动

支持孩子与同龄人建立积极的人际关系，当孩子分享自己的人际关系情况时，给予其认可和鼓励，强化孩子的社交属性。当孩子在社交活动中遇到挫折时，家长应给予指导。

通过以上这些方法，家长不仅能帮助孩子平稳度过初三这一重要阶段，也能促进亲子关系的健康发展。

2

成长思维：积极应对挑战

小强的学业困境

小强是一名初三年级的学生，由于基础较弱，他在数学学习上一直存在很大困难。起初，小强努力尝试提高成绩，但多次考试成绩都不理想，这让他感到非常沮丧。父母和老师虽然关心他的学习，但在帮助他提高成绩方面显得有些急躁，经常批评他不够努力，忽视了他面临的实际困难。随着时间推移，小强开始认为无论怎么努力，自己的数学成绩都无法提高，也不可能考个好高中了。他减少了学习数学的时间，在课堂上不再积极发言，因为他觉得"反正努力也没用"，渐渐地，他对其他学科也失去信心。小强的成绩一直下滑，人际关系也受到影响，同学们讨论学习时，他远远躲开，怕暴露不足，但内心又觉得同学看不起他，开始独来独往。这种消极的认知模式和行为习惯开始恶性循环，导致小强学习表现不佳，心理健康状况也持续恶化。

为什么小强会从积极努力变得逃避学习，甚至连心理健康状况也出现了问题？

初三孩子在升学压力、青春期生理和心理变化等多重因素影响下，确实容易表现出一定的脆弱性。针对小强的困境，我们可以找到以下几点原因：

1. 学业压力增大

初三孩子面临初中阶段最重要的一次考试，中考成绩直接关系到他们能否进入理想的高中，中考是其主要压力源。初三的学习内容相比初一、初二更为深入，且对新知识与旧知识的综合应用能力要求更高。为了应对中考，除了学习学校课程，许多孩子还有课外加练，同时家庭作业和复习资料的数量也显著增加，时间管理冲突明显。

考试频繁，孩子之间会进行成绩比较，形成竞争氛围，尤其是在班级或学校排名系统明确的环境中，孩子的紧迫感和压力骤增。长时间高强度的学习和频繁的考试可能导致学生在面对失败和挑战时力不从心。

2. 未来迷茫未知

未知会产生恐惧，对未知高中生活和职业道路的担忧，也可能使初三学生产生无形的压力。一方面，他们担心以自己的成绩是否能考上心仪的高中，以及不同高中的教育质量、学习环境对未来发展的影响。另一方面，孩子开始考虑更长远的未来，包括大学专业、职业方向等，但往往缺乏足够的信息和自我认知，感到迷茫和不安。特别是看到周围一些同学似乎都有明确的目标和计划，自己却还在迷茫中，从而更加焦虑。

3. 预期期待失衡

初三孩子面临的过度期待，通常表现为学生自我期待、家长期待以及学校期待之间不一致或不合理。这种过度可能体现在几个方面：

• **自我期待过高**：学生可能给自己设定过高的目标，追求完美表现，而不考虑实际情况和自身能力。一旦发现自己不能实现目标，就会受到打击，开始自我否定，甚至逃避学习。

• **家长期待过高**：家长可能基于自身的经验，对孩子有不切实际的成就期待。有的家长因为自己的学业成绩优异，要求孩子一定要"青出于蓝"；有的家长因为身边有特别优秀的孩子，要求孩子一定要努力赶超。这种心态和表现可能给孩子带来巨大的心理负担。

成长型思维

成长型思维和固定型思维是心理学中关于个人如何看待自我能力及面对挑战的态度的两种截然不同的思维方式。

固定型思维认为人的能力是固定不变的，如智力、才能等是天生的，难以通过努力显著改变，表现为：害怕挑战，担心失败会暴露自己的不足；倾向于逃避可能证明自己能力不足的情境；嫉妒他人的成功，认为他人的成功表明了自己的不足。固定型思维会限制个人成长，导致在面对困难时轻易放弃，不善于从错误中学习。

成长型思维认为能力可以通过努力、坚持和恰当的学习策略来培养和提升，具体表现为：迎接挑战，视之为成长的机会；将失败视为学习的一部分，愿意从错误中吸取教训；对他人成功持鼓舞和学习态度，认为自己也可以通过努力达到相似的成就。成长型思维能够促进个人不断进步，增强个人解决问题的能力和韧性，有助于个人实现长期目标。

初三家长在培养孩子成长型思维的过程中扮演着至关重要的角色。如何在生活和学习中，以润物无声的方式培养孩子的成长型思维呢？

• 为孩子树立榜样： 家长需要展现自己的成长型思维，面对生活和工作中的挑战时，以积极、乐观的态度去应对，让孩子看到学习和成长是没有年龄限制的。所以，家长应该积极努力地工作，让孩子看到父母的"光芒"，同时乐于和孩子分享生活，让孩子了解父母面对的挑战和付出的努力。

• 鼓励孩子尝试探索： 鼓励孩子尝试新事物，不要因为害怕失败或受伤而阻止他们。即使是小的尝试，也是孩子学习和成长的机会。当孩子面对新挑战时，强调过程比结果更重要。

• 设定合理目标： 与孩子一起设定短期和长期目标，确保这些目标的合理性和科学性，既有挑战性又可达成。教会孩子如何将大目标分解为一系列小目标，鼓励孩子不断前进，逐步实现目标。

• 积极反馈建议： 家长应该关注孩子的努力过程，提供具体的、有建设性的反馈，强调努力、方法的重要性，而不仅仅是注重成绩、结果。专注于孩子的努力过程和进步，给予孩子正面反馈，强化成长型思维，让孩子明白人生价值在于持续的努力而非即时的成功。

表扬要具体，表扬孩子的努力过程和他们在过程中表现的品质，如毅力、创造力等，不能笼统地去表扬，让孩子觉得在"骗"他。家长要经过深思熟虑或寻求专业帮助，对孩子提出具体可行的建议，不能只喊口号"要努力"或者一味指责"不努力"，这会让孩子觉得家长"站着说话不腰疼""说风凉话"，从而将孩子越推越远。

• 讨论失败： 与孩子开放地讨论失败，帮助他们理解失败是学习的一部分。分享自己或其他成功人士是如何从失败中学习和反思的故事，鼓励孩子从中找寻成长的契机。

• 培养能力： 当孩子遇到难题时，引导他们思考多种解决方案，而不是直接给出答案。教会他们查找资源、寻求帮助，培养他们独立解决问题的能力。让孩子参与家庭事务的决策过程，让他们感受到自己的意见被重视，从而增强责任感和决策能力，这也是成长型思维的应用。

• 情绪管理： 教会孩子识别和表达自己的情绪，以及采取合适的情绪调节方法。在面对挑战时，保持冷静和乐观的心态，是成长型思维的重要组成部分。

• **持续沟通**：提供一个无条件倾听孩子想法的环境，鼓励孩子表达自己的感受和担忧，让他们感觉到被理解而不是被评判，了解他们的想法和困扰，为他们提供心理支持。定期检查孩子的学习进度，调整培养策略以适应他们的成长变化。

• **社会支持**：鼓励孩子参与团体活动，与同龄人建立积极的互动关系，因为同伴支持可以有效缓解自身压力，提升自身归属感。

通过这些方法，家长可以有效培养初三孩子的成长型思维，帮助他们在面对学业和生活的挑战时，更加积极主动地寻找解决方案，不断进步，为他们的长远发展打下坚实的基础。

思维转换

当我们注意到固定型思维（及其触发因素）时，可以尝试用成长型思维的语言进行自我对话，或与孩子对话，从而削弱或取代固定型思维的影响，逐渐培养孩子的成长型思维，让孩子勇于面对挑战。

让我们一起来尝试用语言进行思维转换吧！

自我提升		与他人比较	
固定型思维	成长型思维	固定型思维	成长型思维
我不擅长做某事	我可以通过努力来提高自己能力	天生聪明的人轻轻松松	没有人天生聪明，我们都可以通过努力和坚持实现进步
别人给我反馈是在批评我	我喜欢别人给我反馈，这有助于我的学习和成长	别人的成功让我觉得自己很没用	别人的成功激励了我，他们向我展示了成功的路径
我已经是一个写作高手了，已经不需要在写作上努力了	总有改进提升的空间	他们不会失败	他们也是从失败中学习经验走向成功的
我天生内向，没办法在公开场合发表意见	通过练习，我能变得更有信心，同时能改进我的演讲技巧	我希望我能像你一样厉害，但我们的能力差距太大了	你的优秀激励了我，你有什么方法可以帮我提高吗

3

多方借力：合作助推孩子成长

一篇家长的"吐槽帖"

最近真是被各种群的焦虑气氛弄得喘不过气！每天都有人转发"孩子不刷题就会掉队"的消息，看到这些我真想笑。怎么就成了"刷题＝成功"的公式？更可怕的是，群里居然还有人推销那些所谓的"速成班"，说什么孩子参加了就能立刻提几百分。我真是服了！这些信息一点科学依据都没有，完全是在引导家长盲目焦虑。但是，我们家长又该怎么办呢？谁能真正帮助我们？

家长盲目焦虑通常源于家长对子女教育的高度重视与缺乏有效的信息渠道和教育方法的矛盾。家长盲目焦虑的具体表现形式多样，主要可以从以下几个方面观察到：

• **高度紧张与监控孩子**：家长可能因为担心孩子成绩落后，而频繁检查孩子作业、过度安排课外补习，甚至代替孩子做决定，忽略了孩子自主学习和探索的过程。对孩子的一举一动过分敏感，时刻关注孩子的位置、社交活动，担心孩子交友不慎或受到伤害，导致孩子感到被束缚，缺乏独立空间。

• **过度搜集信息**：没有目标地搜集各种教育资讯，参加各类讲座，购买大量教辅材料，造成资源的浪费和心理负担加重，并且将这样的焦虑传递给孩子。

• **情绪不稳定**：家长自身情绪容易出现波动，造成家庭氛围紧张。

• **比较心理**：经常将自家孩子与其他孩子进行比较，忽视了每个孩子的独特性和成长节奏，这种无休止的比较加剧了家长内心的不安和孩子的压力。

• **过度担忧未来**：对孩子未来的学业、职业乃至婚姻等长远问题提前感到焦虑，而忽视了享受当下的亲子时光和孩子当前的心理需求。

家长如何多方借力、寻求合作助推孩子成长？

加强家校合作

家长如何与学校和老师建立良好的关系，加强家校沟通？

• **主动参与学校活动**：积极参加学校组织的家长会、开放日等活动，这是深入学校、深入教学，直接了解学校教育理念、孩子学习状态和社交环境的好机会。

• **建立良好的沟通渠道**：与班主任及任课老师交换联系方式，如手机号、微信等，保持畅通的沟通途径。积极关注家长群中的消息，了解孩子的学习情况。

• **定期反馈与询问**：定期向老师询问孩子的学习进展、行为习惯及社交情况，同时分享孩子在家的表现和遇到的问题，实现家校信息的双向流通。与老师交流的过程中，要真实反馈情况。

• **表达积极态度**：在与老师沟通时，保持积极和尊重的态度，即使遇到问题也应理性表达，共同探讨解决方案，而非遮掩、指责或抱怨。

• **参与志愿服务**：加入家长委员会或志愿者团队，参与学校的一些决策过程和活动策划，加深对学校教育的了解，同时加强家校间的信任和合作。

• **提出建设性意见**：对于学校教育和管理有任何合理建议，可以适时提出，促进家校合作质量的提升。

• **利用数字平台**：现在很多学校都采用数字校园平台，家长应熟悉并积极使用这些工具，查看孩子作业、成绩、通知等，及时全面地了解孩子的在校状况。

加强家校沟通，家长不仅能更好地了解孩子在校的情况，还能与教师建立合作伙伴关系，共同促进孩子的健康成长。

获取正确信息

许多家长时常在网络上被各种碎片化、夸张的信息误导，产生焦虑情绪或作出错误决定。家长可以从哪些渠道获得正面的、全面的、准确可靠的信息呢？

• **官方渠道**：关注教育部门、知名教育机构和研究机构的官方网站、公众号或出版物，这些平台发布的内容通常经过严格审核，具有较高的权威性。

• **专业数据库**：利用图书馆资源或在线学术数据库，如知网、万方数据等，查找教育、心理学相关的学术论文和研究报告，这些资料由专业人士撰写，信息权威。

- **权威书籍**：查阅由行业专家、学者撰写的家庭教育、儿童心理学等书籍，尤其是得到广泛认可和引用的经典著作。

- **认证专家的社交媒体**：关注经过实名认证的心理学家、教育学家在微博、知乎、微信公众号等平台的账号，这些专家往往会分享专业见解和最新研究成果。

- **知名教育平台**：利用"得到""喜马拉雅"等知识付费平台，收听教育专家的课程和讲座，这些平台上的内容一般经过精心策划和筛选。

- **审慎评估网络信息**：在网络上浏览信息时，要注意辨别信息来源，优先选择政府网站、知名新闻媒体、专业博客等发布的文章，并且学会交叉验证信息的真实性。

- **参加专业讲座与研讨会**：留意并参加线下或线上的专业讲座、研讨会，这些活动往往涉及行业前沿动态和专家观点。

加入家长社群

家长社群是一个集资源、信息、情感支持于一体的平台，对促进家庭教育、增进亲子关系、提升家长个人能力都有显著益处。在这样的环境中，家长可以感到自己不是在孤军作战，减轻盲目和孤立无援的感觉。

- **经验共享**：社群内的成员具有不同的家庭背景，他们分享的育儿心得、学习方法、生活技巧等，具有多元性和实用性。

- **情感支持**：面对育儿过程中的挑战和困惑，社群提供了一个相互倾诉、彼此鼓励的空间，让家长不再感到孤单，增强了面对困难的信心。

- **资源互惠**：社群成员间可共享优质的教育资源，如学校信息、书籍和学习资料等，甚至在某些情况下能形成团购优惠，节省成本。

- **信息速递**：有关学校政策变动、教育资讯、活动通知等重要信息，社群往往是快速传播的渠道之一，能帮助家长及时掌握最新动态。

- **专家互动**：一些社群会定期邀请教育专家、心理顾问进行线上答疑或讲座，家长可以直接向专家提问，获得专业指导。

- **社交网络扩展**：加入社群不仅限于线上交流，也有可能促成线下聚会，拓宽社交圈，为孩子和家庭建立更广泛的支持网络。

- **共同成长**：参与社群活动并进行讨论能激励家长不断学习新知识，提升自身教育子女的能力，同时为孩子树立终身学习的榜样。当然，参与家长社群也需要有所选择。

- **社群定位**：首先要明确社群的主题和目标是否符合您的需求。比如，有的社群专注于学科辅导，有的则侧重于心理健康或亲子活动，选择与您关注点相符的社群至关重要。

- **社群活跃度**：观察社群的日常活跃程度，一个活跃的社群意味着信息更新快、互动频繁，能更好地满足您的学习和交流需求。

- **管理规范**：了解社群的管理制度，优秀的社群会有明确的规则以维持讨论质量，如禁止广告、尊重隐私等，这有助于创造一个健康、有序的交流环境。

- **信息甄别**：虽然社群中不乏有益的信息，但也可能存在误导性的内容。家长应培养批判性思维，对分享的信息进行甄别，必要时可向专业人士求证。

- **适度参与**：合理安排时间参与社群活动，避免过度依赖或沉迷，确保线上线下生活的平衡，同时要注意保护个人和孩子的隐私。

- **积极贡献**：在享受社群资源的同时，不妨积极分享您的经验和心得，互相帮助，共同营造一种互助共赢的社群文化。

- **退群机制**：了解社群的退出机制，如果发现社群不再符合您的需求或价值观，可以适时退出，寻找更适合的社群。

（本章作者：沈佳妮）

第十三章　冲刺阶段的学习策略

进入初三，也就意味着义务教育即将结束，孩子们即将迎接中考，迈向更高的学业台阶，渐渐从懵懂被动转向成熟主动。初三，对大部分同学而言，是人生的第一个分水岭，在这一年，同学们既要学习新的知识，又要不断重复回顾旧的知识，通过温故知新"打怪升级"，全力以赴备战中考。然而，初三阶段的学习，可谓"八仙过海，各显神通"：有的同学按部就班，成绩却平平无奇、没有进步；有的同学厚积薄发、最后一鸣惊人；有的同学恍然醒悟，而后乘势而上，成为黑马、一举夺魁。尽管看上去每个学生都使了浑身解数，但为什么坐在同样的教室，学着同样的内容，练着同样的习题，最后同学们的成绩却参差不齐呢？答案就藏在学习策略的选择和运用当中。在本章中，我们将向大家介绍初三学习阶段的重点，包括夯实基础、专项训练、个性备考，并结合具体案例提出一些学习策略，同时，在最后一节中，我们给出了应考锦囊，鹏程万里，正当其时，快来一起学习吧！

1

夯实基础，我们做"地基"达人

孩子学习难，家长也着急，学月定时作业没考好，到底哪里出了问题？

最近，初三的第一次学月定时作业成绩出来了，初三的第一次定时作业，家长和学生都很重视，第一时间对成绩进行了分析总结。下面我们来看看小晓妈妈和班主任的交流。

 小晓妈妈，最近孩子们的定时作业成绩出来了，小晓跟上学期期末的表现相比，成绩下滑有点大哦！

收到，李老师辛苦了。小晓自己也跟我说了，这次定时作业题目简单，但是她自己不知道为什么还是有很多题答不上来。

 那要带着小晓好好找找原因才行呀！小晓这段时间有点不在状态，是不是进入初三有点焦虑，不适应了？

有可能吧，唉，李老师您是不知道，自从进入初三，小晓是铆足了劲，可就是这样，成绩还是没有起色，我看着都心疼。

 是这样的，到初三阶段，学习越来越紧张，这学期又增加了化学学科，一些同学就开始出现掉队的情况了，需要孩子尽快调整状态，适应初三的节奏。

好的李老师，不过初三第一次定时作业就没考好，小晓她自己心里也很难受，我们做家长的却无能为力，只能干着急。

 我理解你们的心情，虽然这次小晓没考好，但也不要气馁，你们和孩子一起好好分析一下原因，可以跟我和其他科任老师们多交流交流。

好的，感谢李老师，麻烦您了，辛苦了。

在聊天中，小晓妈妈向班主任表明了自己的无奈，孩子说题目简单，但是不知道为什么还是有些题答不上来；然后进一步谈到自己孩子的时间投入和产出不成正比，"自从进入初三，小晓是铆足了劲，可就是这样，成绩还是没有起色，我看着都心疼。"这句话字里行间无不流露出母亲的着急和担忧，相信小晓妈妈的这番感受也是许多初三年级家长们的内心想法。

常言道"知子莫若父，知女莫若母"，孩子起早贪黑地学习，却没有得到理想的成绩，做家长的也替孩子感到委屈，那么问题究竟出在哪里呢？为什么投入了时间，每天定时定点上课、做题，最后考试还是一塌糊涂呢？是孩子还不够努力吗？还是学习的重心或者方法出错了呢？

带着各种疑惑和担心，小晓妈妈在班主任李老师的建议下，联系了班里负责语文教学的沈老师和负责物理教学的杨老师，就自己孩子在初三第一次定时作业中的表现和老师们进行了交流，希望能够找到孩子没考好的原因，让我们来看看小晓妈妈和老师的交流。

沈老师您好，我是小晓妈妈。小晓这次语文定时作业不是很理想，以前她对文学挺感兴趣的，这次结果让她很沮丧，我们也不知道该怎么办了。向您请教该如何学好语文呢？

小晓妈妈您好，小晓这个情况我也关注着的，平时阅读课她都很投入，常常对书中的人物情节有自己的见解。这次主要是在选择题、古诗文默写这一些基础题上失误、丢分了。

是这样吗？但是刚刚进入初三，应该也没有学很多古诗文吧，她在家时也没给我说有需要抽背的内容，她怎么会在默写上面出错呢？

是这样的，孩子们进入初三既要学新的内容，也要为中考提前做准备，因此我们现在每次考试都安排了对过往知识的考查。

其实，主要问题还是基础不够扎实。小晓同学这次默写《行路难》的第一句时出现两个错别字，就扣了2分，这是不应该的。这首诗是我们在初二下时讲过的，上学期期末也才考了同样的句子，中考时还可能考到，所以，夯实基础很重要。

一语惊醒梦中人，像这种不该丢的分，丢了实在是可惜，考的还是基础。谢谢沈老师点拨，我们在家也会督促她把基础弄扎实！

对话中，小晓妈妈先向沈老师说明了自己的孩子对文学感兴趣，但语文成绩却不理想的矛盾情况，并表示作为家长，自己也是不知道该如何是好；对此，沈老师表示小晓同学在平时的阅读课上都很投入，也常常对书中的人物情节有自己的见解，而考试中主要是在选择题、古诗文默写这一些基础题上失误、丢分了。由此可见，语文成绩的高低并非由于有没有认真上课，或者是否缺乏语文学科素养所决定的。

小晓同学在语文月考的古诗词默写中出错的句子，即诗仙李白《行路难》（其一）的第一句："金樽清酒斗十千，玉盘珍羞直万钱。"我们大家可以回忆一下，这首诗是出现在义务教科书人教版语文八年级下册的教材当中，其中的"樽"和"直"是易错字，语文老师在课堂上会着重强调，在课后也会布置作业，要求学生多次默写。但是，在每次考试中，总会有不少和小晓一样写错别字的同学，原因是什么呢？

在进一步的交流中，沈老师一针见血地指出，小晓同学的主要问题是基础不够扎实。而基础不够扎实的其中一个原因，也在小晓妈妈的发言中侧面反映出来了，进入初三，学生既要学习新的课文古诗，又要主动温习学过的内容，而小晓在初二学过后并没有稳扎稳打地复习，导致初三就对以前学过的知识模糊不清，好似猴子掰玉米，这样肯定是不行的。

在与语文老师交流后，小晓妈妈渐渐认识到基础的重要性，那么是不是只是学习文科时基础才比较重要呢？看到小晓的物理成绩，小晓妈妈决定再向物理老师杨老师请教，理科是不是也要重基础，我们再来一起看看。

 杨老师您好，我是小晓妈妈。这次小晓定时作业成绩出来，物理分数低了，她现在已经开始对物理产生畏惧和逃避心理了，跟我抱怨不想上物理课了，我们做家长的也着急，再这样下去，真担心她考不上心仪的高中了，您说该怎么办呢？

小晓妈您好，孩子这次的试卷我也看了，其中有好几处都是丢的冤枉分，写了公式就有分，她都没拿到。另外，这回月考了初二下的部分公式，有不少同学已经记不得讲过的知识了，所以一些同学的成绩不是很理想也是正常的。

我们家小晓学不懂，都靠死记硬背，结果上了考场全忘了，中考要考物理，高中也要学物理，她现在学不走，我们也焦心。杨老师您能给我们提供一下学好物理的技巧吗？

学习任何一门学科都没有捷径可言，中学物理考来考去，实际上还是考学生对基本公式的掌握和应用能力。有一些公式是通过其他基本公式推导出来的，死记硬背也只是缓兵之计。还是要督促孩子回归课本，先从最基础的部分推导、演绎，地基打牢固，基础扎实了，再往上学习就会更加轻松自信。

好的，感谢杨老师！可能是孩子初二的物理没有重视就学得马马虎虎，基础没打好，到初三新的知识学不走，学过的又忘记了，这次月考总结了教训，我们也会严格要求她做好基本功的。

小晓妈妈向杨老师坦言，小晓从初二到初三，物理分数越来越低，甚至对物理产生畏惧和逃避心理了，抱怨不想上物理课了，而自己做家长的只能干着急，担心孩子高中都考不上。针对小晓的情况，杨老师也告诉了小晓妈妈，小晓的试卷有好几处都是丢的冤枉分，写了公式就得分的地方，她却写不出。对此，小晓妈妈替女儿解释道，小晓不是故意不努力学物理，而是学不懂，都靠死记硬背，结果上了考场全忘了。但是正如小晓妈妈担心的那样，中考要考物理，高中也要学物理，如果一开始就放弃最基本的知识，那么越往后孩子只会越厌恶物理，最后只能放弃，这当然是不可取的。

实际上，物理是一门逻辑性极强的，由众多数学符号和理论、公式定理组成的基础学科，在中学的学习阶段，物理往往是以学习和熟悉公式定理为主，并未涉及复杂的数学计算和公式演绎。正如杨老师回复小晓妈妈的，学习任何一门学科都没有捷径可言，中学物理考的就是学生对基本公式的掌握和应用能力。有一些公式是通过其他基本公式推导出来的，死记硬背也只是缓兵之计。教师和家长都要引导和督促学生回归课本，先从最基础的部分推导、演绎，地基打牢固，基础扎实了，再继续学习就会更加轻松自信。

由此看来，夯实基础，不仅仅在学习语文中重要，在学习物理中也尤为关键。而通过和老师的交流，小晓妈妈也明确了打好基础的重要性，并和小晓进行了沟通，相信小晓在接下来的初三学习和中考备考中会认真对待基础知识，踏踏实实完成学业，取得理想成绩。

进入初三，不要慌张，夯实基础是王道！我们和大家一起分析了小晓同学因为基础不牢而在月考中表现不佳的案例，但月考只是众多考试中的一次，只要主动找出问题，敢于面对自己的不足，稳扎稳打，一定能取得理想的成绩！

2

专项训练，我们做"创意"总监

进入初三，为了自信迎接中考的考验，很多学校逐步延长学生在校统一做题练习的时间，早出晚归、三点一线的生活对许多初三的学生而言已经习以为常。然而，如果只是一股脑地埋头重复，而没有明确目标、没有针对性地进行解题练习，就会拎不清重点，反映在考试上就是看到题目只知道个大概，答不全或者答不到重点上。因此，进行专项训练是必不可少的。

所谓"专项训练"，是指教师组织学生进行以提高解题能力为核心目标的一系列有针对性的训练。因为在初三这个关键的学习阶段，传统的题海战术往往让学生感到枯燥乏味，难以激发学习兴趣与创造力。为了打破这一僵局，一线教师们绞尽脑汁为同学们举办一系列富有趣味性和创意性的活动，让学生在轻松愉快的氛围中提升各学科能力，为中考增添无限可能。下面是一所省级重点中学九年级（2）班政治老师的朋友圈截图，我们一起来看看他是如何破局开新，为同学们上趣味专项训练复习课的。

政治张老师
明天进行宪法的专项复习课。
期待2班的同学们，为我们上演
一出好戏！

54分钟前

♡ 娟娟妈，李老师，周老师
历史刘老师：厉害了👍👍
化学周老师：张老师您这个复
习课真新颖，学习了！

上图是九年级（2）班张老师为学生们上宪法的专项复习课前一天的朋友圈截图，从几句简单的描述中，我们可以知道，这位政治老师并没有依照传统复习课的流程回顾知识点，然后做题讲题，而是一改出新，以"维护宪法权威，树立法治信仰"为主题，别出心裁地为同学们设计角色扮演的课堂，来进行宪法知识的复习。

故事的梗概是，两名高年级不良少年同学生甲、乙因为没钱上网，所以预谋向经常一个人回家的学弟小明"借"点钱。放学后，他们把小明堵在卫生间，采取威胁、搜身等方式，逼迫小明交出了身上的财物。班上的政治课代表饰演被威胁的小明；班委黄同学和韦同学分别饰演高年级不良少年学生甲、乙，学习委员李同学饰演法官，进行最后的判决；演员招募的通知一发，就有许多同学自告奋勇，大家甚至主动去翻阅回顾教材中宪法部分的知识。

上课当天，班级的四位"一线演员"大展身手，两名"不良少年"演得十分尽兴，被恐吓的"小明"也演得十分认真，到最后法官的发言，点出了案件的核心：从出生到老年，从校园到职场，宪法影响着我们的一生。此案中，高年级同学侵犯了宪法规定的小明同学所享有的两个基本权利。这样的侵权行为是宪法所禁止的。之后，张老师提出了一些需要同学们解答的问题，也是宪法这一部分在考试中的常考点：

（1）由李同学扮演的"法官"在最后进行了判决，其中提到"侵犯了小明的宪法规定的两个基本权利"，这两个基本权利具体是什么？

（2）小江"法官"的这番点评包含了哪些宪法知识？（3点）

（3）如果你是案例中的小明，你将怎样应对呢？

（4）请结合上述法律条文，阐释法律在家庭生活中的作用。

接着张老师带领同学们进一步思考，提醒同学们结合所学知识，通过分析班级同学演出中的违法行为进行回答。第一个问题较为简单，这起案件涉及侵犯小明的人身自由权和财产权。高年级同学以威胁和强迫的方式，剥夺了小明的个人自由，迫使其交出财物。根据宪法第二十五条和第四十条，每个公民都享有人身自由权和财产权，任何组织和个人不得非法侵犯公民的人身自由，不得非法侵占或者毁损公民的财产。因此，高年级同学的行为显然违反了宪法规定，是不允许的。很快同学们相继举手回答，这两个基本权利是"人身自由权和财产权"。而剩下的问题，在张老师一步步地引导下，同学们也基本明白该怎么回答了。

参考答案：

民法典部分条文摘录如下：

第一千零四十三条 家庭应当树立优良家风，弘扬家庭美德，重视家庭文明建设……家庭成员应当敬老爱幼，互相帮助，维护平等、和睦、文明的婚姻家庭关系。

第一千零六十八条 父母有教育、保护未成年子女的权利和义务。未成年子女造成他人损害的，父母应当依法承担民事责任。

（1）人身自由权、财产权。

（2）法官的点评蕴含了以下宪法知识：

①宪法是公民权利的保障书，保护公民的基本人权，如人身自由权和财产权；

②尊重和保障人权是我国宪法的基本原则之一；

③宪法对每个人的生活具有重要影响，从个人的校园生活到日常社会活动都在宪法的保护下进行；

④宪法是国家和个人行为的基本准则，规范了每个公民的行为标准和责任。

（3）如果我是案例中的小明，我可能会如何应对：

在保护自身安全的前提下，我会先尽量配合对方，将身上的财物交出。同时，我会尽量记住侵犯我权利的人的特征，等到安全后向老师或家长寻求帮助，并尽快报警求助（拨打"110"报警电话）。这样能够保护自己的权利，同时也促使侵权者受到法律制裁。

（4）结合上述法律条文，阐释法律在家庭生活中的作用：

①民法典中关于家庭的条文，如家庭成员应敬老爱幼，互相帮助，体现了法律对社会行为的规范，使得家庭内部的互动更具有秩序性和和谐性。

②父母有义务教育和保护未成年子女，在子女造成损害时，父母要依法承担责任，这些规定保护了未成年人的权益，确保他们在家庭中得到应有的尊重和保护。

从上面案例中，我们可以看到，当我们的专项训练中增添了一些趣味活动，同学们的主动参与度提高后，整体的学习效果将大大改善，学生们不仅不会感到枯燥，反而还会兴致勃勃，比平常直接刷题更加认真，记忆更加深刻。在有了前面政治张老师的成功案例后，九年级（2）班的化学周老师结合学科特色，推出了新的"创意"专项训练方案，我们来看看他的朋友圈。

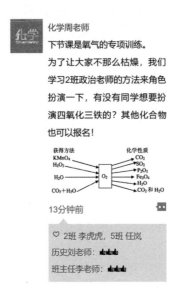

周老师保留了角色扮演的趣味教学环节，让同学们扮演图中的不同化合物，围成一圈，并结合其他化学老师的总复习方法，以氧气为核心，借助"众星捧月"的思想，让学生回忆获取氧气的方法有哪些？哪些方法可用于实验室制氧气？氧气有哪些化学性质？当老师问到能够制备氧气的化合物有哪些时，符合条件的"化合物们"需要马上站在一起，而当问到氧气进行化学反应得到的产物是什么时，相应的"化合物"需要站在圆圈的中心。通过这些手段，让氧气的制法和性质全部构建在趣味网络之中，同学们在复习中如探囊取物。

总而言之，专项训练不是搞"题海战术"，更不能狂轰滥炸，而是要教者吃透教材，钻透大纲，精选有代表性的题目，能充分体验知识点、能力点、热点、考点，以便起到举一反三、以一当十之功效。除此以外，专项训练不仅仅在学校由教师带领才能进行，其实家长和学生自己也可以推陈出新，开启丰富有趣的学习时光。

3

应对中考，我们做"私人"定制

在紧张的中考备考阶段，每位学生的学习状态和进度都各不相同，传统的"一刀切"复习模式往往难以满足所有学生的个性化需求，因此我们需要调整单一的复习方案，针对不同的学生采取不同的办法。

近日，某市重点中学初三年级的数学李老师在布置中考倒计时三个月的统一复习题时，遇到了一位家长的咨询，家长提到孩子对于一元二次方程的内容已经掌握得相当熟练，希望能够跳过这一部分，转而进行更有针对性的训练。这一需求，正是"因材施教"理念在中考备考中的具体体现。

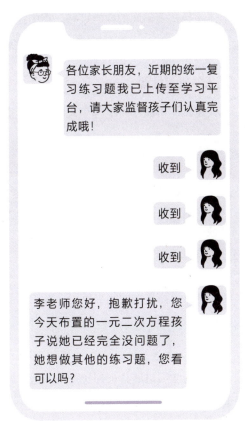

各位家长朋友，近期的统一复习练习题我已上传至学习平台，请大家监督孩子们认真完成哦！

收到

收到

收到

李老师您好，抱歉打扰，您今天布置的一元二次方程孩子说她已经完全没问题了，她想做其他的练习题，您看可以吗？

在同样的备考时间中，由于前期的努力程度和训练强度不同，学生与学生之间的学习情况存在差别，像上述案例中，学生已经掌握了一元二次方程，那么再跟着集体实施统一的复习方案，可能会使她的薄弱项没有时间练习，导致如下后果：

1. 学生差距增大

中考备考中，学生之间的知识掌握程度、学习习惯及能力水平存在显著差异。对于已经熟练掌握某一部分内容的学生来说，重复练习不仅浪费时间，还可能导致学习疲劳和兴趣下降。

2. 复习效率降低

高效的复习应该是有的放矢的，针对不同学生的薄弱环节进行精准强化。一刀切的复习方式既容易让部分学生"吃不饱"，也容易让部分学生"吃不消"。

因此，"因材施教"的理念在这里显得尤为重要。因材施教是中国古代教育思想的精髓之一，强调根据学生的个体差异实施不同的教学策略。在中考备考中，这一原则尤为重要，它能够帮助每位学生找到最适合自己的学习路径，从而达到事半功倍的效果。

解决策略——定制"私人"复习计划

在大多数情况下，"私人定制"单靠学科老师个人的力量肯定是有限的，这个时候就需要学校、家长和学生多方联动。

1. 个性化评估

首先，通过测试、作业反馈、课堂表现等多种方式，对每位学生进行全面的学习评估，了解他们的知识掌握情况、学习习惯及兴趣点。

2. 定制复习方案

基于个性化评估结果，为每位学生量身定制复习计划。对于已经熟练掌握的内容可以适当减少练习量或跳过，转而进行更高层次的拓展练习；对于薄弱环节，则增加针对性的强化训练，并提供必要的辅导和支持。

3. 动态调整

复习过程中，持续关注学生的学习进展，根据实际情况适时调整复习计划。鼓励学生提出自己的需求和想法，共同参与复习方案的制订和调整。

4. 家校合作

加强家长和学校老师的沟通合作，共同监督学生的复习情况，确保定制"私人"复习计划的顺利实施。同时，鼓励家长参与孩子的学习过程，提供必要的支持和帮助。

5. 心理调适

中考备考不仅是一场知识的较量，更是一场心理的考验。在定制"私人"复习计划的同时，关注学生的心理状态变化，及时进行心理疏导和鼓励，帮助他们保持积极乐观的心态迎接中考的挑战。

家长关心孩子的学习进展，对孩子的学习给予支持和鼓励。同时，老师也在关注每个学生的学习情况，及时调整教学内容和方法，以确保每个孩子都能达到最佳学习效果。这种积极的互动对于孩子的学习成长是非常有益的，能够激发他们的学习动力和自信心。

通过定制"私人"复习计划，我们不仅能够更好地满足学生的个性化需求，提高复习效率，还能够在一定程度上缓解学生的备考压力，激发他们的学习兴趣和动力。这样的复习方式更加符合"因材施教"的教育理念，将为学生的中考成功奠定坚实的基础。

4

应考锦囊，我们必稳扎稳打

可上九天揽月，可下五洋捉鳖，谈笑凯歌还。

——《水调歌头·重上井冈山》

1965 年 5 月 25 日，毛泽东主席回到井冈山，这里是革命的起源，革命者从这里走出，让世界变了样。

那时，他们豪情万丈，有上九重天摘取明月的凌云壮志，有下五大洋活捉大鳖、打倒一切敌人的英雄气概。在谈笑间把敌人消灭，高奏凯歌，胜利归来。没有做不到的事情，只要你想干，上天入地皆可为。

回望过去先辈们的峥嵘岁月，不惧困难，热血激昂，在战火纷飞中夺取胜利。而今初三的你，只是迎来了九年义务教育的最后一站，意气风发的少年，怎会退缩呢？全力以赴，既要坚持，更要智取。下面，我们为大家提供了一些中考备考指南，快来查收锦囊吧。

心态方面

• **心理预期的重要性**：通过正向的心理预期和自我激励，相信自己的能力并期待成功的结果。这种心态能够帮助减少焦虑，增强自信心，从而更好地应对考试压力。

• **接受挑战的心态**：把考试视为一种挑战和机会，而不是威胁或负担。将考试看作检验自己努力和准备成果的机会，能够让我们更有动力和决心去应对。

• **应对考试压力**：学会通过深呼吸、放松技巧等方法来应对紧张和压力，保持冷静的头脑。这有助于在紧张的考试环境中保持良好的思维状态和反应速度。

• **集中注意力**：通过训练和练习，提高注意力的集中度，避免外界干扰或自身分心而导致的失误。

• **基于实际准备的自信**：通过充分的准备和积累来增强自信心。只有确信自己做了最好的准备，才能在考场上表现出真正的自信和稳定。

- **正面的自我对话**：避免负面自我评价和怀疑，转而采用积极的自我对话方式，鼓励自己并相信自己能够克服任何挑战。

行动方面

- **制订详细的学习计划**：合理安排学习时间，确保每个学科和知识点都能得到充分的复习和掌握。这不仅包括课堂学习，还包括自主复习等。

- **高效的复习方法**：采用多样化的复习方式，如总结笔记、做题训练、参加讨论等，以加深对知识的理解和记忆。

- **解题策略的培养**：学会分析题目、审题，选择适当的解题方法和步骤，从而在有限的时间内高效完成考试任务。

- **时间管理的重视**：通过模拟考试和实际练习，培养良好的时间管理能力，合理分配时间用于各个科目和题型。

- **模拟考试的重要性**：参加模拟考试可以模拟真实考试环境，帮助适应考试的紧张氛围和时间限制，同时及时发现和改正自己的问题。

- **反馈与调整**：通过模拟考试的结果和老师的反馈，分析自己的强项和薄弱项，及时调整学习和复习的重点和方法。

保持健康的生活方式

- **良好的作息和饮食习惯**：保持充足的睡眠和适当的饮食量，以确保身体和精神状态最佳。

- **适度的运动和休息**：通过适当的运动和休息，放松身心，调整好心态，保持良好的学习状态和体能。

（本章作者：李　媛）

第十四章　你不知道的中考小细节

在中考这场关键的检测中，有的同学能够脱颖而出，有的同学却遗憾失利。决定中考成败的往往是那些容易被忽视的小细节。本章将从大家关切的"学习问题""心理问题""生活问题""社交问题"等一系列重要问题入手，为你揭示中考你不知道的小细节：书写工整的秘诀、答题得分的妙招、稳定心态的方法、营养搭配的策略，快来一同开启知识宝盒吧！

1

中考前这样准备

一封来自妈妈的求助信

我最近遇到了难题，我们家孩子啊，确实让我非常忧心。看他坐在书桌前，手里握着笔，眼睛却时不时地瞟向窗外，心思明显不在书本上。我提醒他："孩子，你作业还没写完呢，得专心点。"

他漫不经心地应了一句："知道了，妈。"但手上的动作却没见加快，反而开始玩起了桌上的平板。我走过去一看，作业还是只有那几行，忍不住又提醒他。

"你这样下去，什么时候能完成作业啊？中考马上来了哦，你要多用点心哦。"我按捺住性子劝导他。可他却一脸无奈地说："我也不想啊，但最近总觉得心里慌慌的，注意力也不集中，晚上也睡不好，我也想提高效率，但总是控制不住自己。"

我知道这孩子遇到了问题，需要我的帮助和引导。可是面对这种情况我也没有更好的办法来处理，所以只好求助老师了。

各位家长，你是否也有过这样的经历呢？在中考临近之际，看着孩子为复习而苦恼，自己也跟着焦虑不安。没有哪个孩子不想在中考中取得优异成绩，没有哪个家长不想看到孩子信心满满地迎接中考。所以，让我们深入思考，究竟是什么导致了孩子在中考前慌张与被动呢？是压力过大导致的逃避心理？还是缺乏有效的学习方法和计划？又或者是对中考的重要性认识不足呢？只有找到问题的根源，我们才能更好地帮助孩子调整状态，积极备考，迎接中考的挑战。

根据这位家长的来信，我们一起来分析，中考来临前孩子们常见的问题。

第一，学习方面的问题

• **知识漏洞**：感觉还有很多知识点没有掌握，对一些重点和难点内容理解不透彻。

- **复习效率低下**：不知道如何合理安排复习时间，导致复习效果不佳。
- **考试焦虑**：一想到中考就紧张，担心考不好，影响考试发挥。
- **缺乏自信**：对自己的能力不够自信，觉得自己无法在中考中取得好成绩。

第二，心理方面的问题
- **压力过大**：家长、老师的期望让孩子感到压力巨大，使得孩子容易出现焦虑、抑郁等情绪问题。
- **情绪波动**：临近中考，孩子的情绪可能会变得比较敏感，容易因为一点小事而情绪波动。
- **动力不足**：长时间的复习可能会让孩子感到疲惫，失去学习的动力。

第三，生活方面的问题
- **睡眠不足**：为了复习，孩子可能会熬夜，导致睡眠不足，影响身体健康和学习效率。
- **饮食不规律**：由于紧张和忙碌，孩子可能会忽略饮食的重要性，导致饮食不规律，影响身体健康。
- **身体不适**：长时间的学习和压力可能会导致孩子身体出现不适，如头疼、感冒等。

第四，社交方面的问题
- **与家长关系紧张**：家长的期望和压力可能会让孩子与家长之间的关系变得紧张。
- **与同学关系疏远**：复习的紧张氛围可能会让孩子与同学之间的交流减少，关系变得疏远。

以上四个方面的问题，是即将初中毕业的学生常见的问题，那么不同的学生和家长在面对以上问题时采取的处理方式方法不同，最终的结果也会不一样。接下来，我们将针对以上四个方面的问题，从细节入手给出具体的解决方案。

方法：从细节入手解决学习方面的问题

面对中考，在学习方面，学生主要面对的是知识漏洞、复习效率低下、考试焦虑、缺乏自信等问题，我们可以有针对性地从以下几个方面解决：

第一，对于存在知识漏洞的问题
- **明确漏洞**：进行全面的模拟考试或自我检测，分析错题，确定知识漏洞所在的具体部分，如数学的函数部分、语文的文言文理解等。在中考前夕，甚至可以每天坚持模拟测试和自我检测，注意一定要严格限定时间，而且模拟测试和自我检测的形式多种多样，可以针对某一章节，也可以针对模拟中考等，以考代练，不断通过检测的方式找出自己的漏洞，然后准备漏洞记录本，把每次出现的漏洞记录下来，再不定时地进行复习。

• **制订计划**：针对某些重要的知识漏洞还要制订专项复习计划，合理分配时间，确保每个漏洞都有足够的时间进行复习。例如，每天安排特定的时间段专门复习一个薄弱科目或知识点。

• **多种方式复习**：结合教材、辅导资料、在线课程等多种资源进行复习，加深对知识漏洞的理解。可以向老师、同学请教，解决疑惑。

第二，对于复习效率低下的问题

• **优化时间管理**：在中考来临之际，优化时间管理可以从以下几个方面入手：制订详细计划、合理安排任务、充分利用碎片时间等。

在制订详细计划时，首先要明确目标，确定中考复习的总目标和各个阶段的小目标。例如，总目标是在中考中取得优异成绩，小目标可以是每周掌握一定数量的知识点，完成几套模拟试卷等。其次，要划分时间块，将每天的时间划分为不同的块，分别用于不同科目的复习、休息和其他活动。比如，早上可以安排背诵语文古诗词和英语单词，下午进行数学和物理的解题练习，晚上复习化学和历史等科目。最后，要为每个时间块设定具体的任务，确保时间得到充分利用。

另一方面，合理安排任务，首先我们要按重要性优先原则来处理每天的任务，先完成重要且紧急的任务，如老师布置的重点作业、薄弱科目的复习等。然后处理重要但不紧急的任务，如系统复习知识点、整理错题等。其次，在安排任务时还要遵循难易程度搭配原则，避免连续长时间进行难度较大的任务产生疲劳和挫败感。可以将难易程度不同的任务交替进行，如做完一套数学难题后，进行一段时间的语文阅读理解练习。

最重要的一方面，面对各科老师布置的任务，我们要学会充分利用碎片时间。可以从以下几个方面入手：第一，见缝插针，利用课间休息、上下学路上等碎片时间进行复习。例如，在课间可以复习几个单词，回顾一道错题；上下学路上可以听英语听力或思考当天学习的知识点。第二，微型任务，为碎片时间安排一些小型的复习任务，如背诵一首古诗、记忆一个化学方程式等。这些任务可以在短时间内完成，积少成多，可提高复习效率。

- **采用高效复习方法**：如采用思维导图法，将知识点系统化，便于记忆和理解。利用错题本，反复复习做错的题目，分析错误原因，避免再次犯错。

- **创造良好学习环境**：保持学习环境安静、整洁、舒适，减少干扰因素。在家应关闭手机、电视等可能分散注意力的设备。

第三，对于考试焦虑的问题

- **正确认识考试**：明白中考只是人生中的一个阶段，不是决定命运的唯一因素，减轻对考试的过度恐惧。把考试看作检验自己学习成果的机会，而不是一种威胁。

- **放松身心**：进行适当的运动，如跑步、瑜伽等，释放压力，缓解焦虑情绪。听音乐、看电影等娱乐活动也可以帮助放松心情。

- **深呼吸和冥想**：在感到焦虑时，进行深呼吸练习或冥想，平静心态，集中注意力。

第四，对于缺乏自信心的问题

- **设定合理目标** 根据自己的实际情况，设定可实现的学习目标，逐步完成，增强自信心。例如，本周掌握一定数量的单词或解决特定类型的数学题目。

- **积极自我暗示**：经常对自己进行积极的心理暗示，如"我可以的""我有能力做好"等。看到自己的进步和优点，及时给予自己肯定和鼓励。

- **与他人交流**：和家人、朋友、老师交流自己的感受和困惑，他们的支持和鼓励可以增强你的自信心。

方法：从细节入手解决心理方面的问题

面对中考，在心理方面，学生主要表现为压力过大、情绪波动强烈、动力不足等，我们可以有针对性地从以下几个方面解决这些问题。

第一，对于压力过大的问题

我们要合理认知，认识到中考虽然重要，但并非人生的唯一出路。避免过分夸大中考的结果，以平和的心态看待考试。可以告诉自己，尽力而为就好，无论结果如何，都有多种选择和发展机会。然后，学会适度放松，安排一些放松的活动，如散步、瑜伽、冥想等，帮助缓解身体的紧张感。听音乐也是一种很好的放松方式，可以选择自己喜欢的音乐，沉浸其中，忘却压力。另外，可以通过倾诉交流等方式解决，比如向家人、朋友、老师倾诉自己的压力和担忧，他们的理解和支持可以让你感到温暖和安心。分享彼此的经验和感受，也能从他人那里获得一些应对压力的方法和建议。

第二，对于情绪波动强烈的问题

我们首先要学会觉察情绪，时刻关注自己的情绪变化，当情绪出现波动时，及时察觉并分析原因。例如，是因为某一科目的复习不顺利，还是因为与他人发生了矛盾？了解情绪的源头，才能更好地应对。

另外，要注意情绪调节，采用适合自己的情绪调节方法，如深呼吸、积极自我暗示、写日记等。当感到焦虑或愤怒时，可以先做几次深呼吸，平静下来后再思考问题的解决办法。还有，最重要的是保持规律生活，维持稳定的作息时间、饮食习惯和运动习惯，有助于稳定情绪。规律的生活可以给人一种安全感和掌控感，减少情绪波动的可能性。

第三，对于动力不足的问题

我们可以从以下几个方面入手。首先，明确目标，再次明确自己的中考目标，以及实现目标后能带来的好处。将目标具体化、可视化，激发自己的动力。比如，把目标学校的照片贴在学习桌上，时刻提醒自己为之努力。其次，寻找榜样，找到一个自己敬佩的榜样，可以是身边的同学、老师，也可以是名人。学习他们的努力和坚持，激励自己前进。了解榜样的成长故事和奋斗历程，从中汲取力量。最后，奖励机制，为自己设置一些小奖励，当完成一定的学习任务或取得进步时，给予自己奖励。奖励可以是看一场电影、吃一顿美食或者买一本喜欢的书，这样可以增强学习的动力和积极性。

方法：从细节入手解决生活方面的问题

面对中考，在生活方面，学生主要面对的是睡眠不足、饮食不规律、身体不适等问题，我们可以有针对性地从以下几个方面解决。

第一，对于睡眠不足的问题

首先，调整作息时间，制定合理的作息时间表，确保每天有足够的睡眠时间。一般来说，中学生每天需要 8 ~ 9 小时的睡眠。尽量在晚上 11 点之前入睡，早上 6 点至 7 点起床。严格遵守作息时间，避免熬夜学习或玩手机等电子设备，养成良好的睡眠习惯。同时，家长要给孩子创造良好的睡眠环境。比如，保持卧室安静、黑暗。可以使用窗帘、耳塞等工具来减少噪声和光线的干扰。选择舒适的床垫和枕头，确保睡眠质量。还有，要注意放松身心，在睡前进行一些放松的活动，如泡热水澡、听轻音乐、做深呼吸练习等，帮助缓解紧张情绪，促进睡眠。避免在睡前进行剧烈运动或观看刺激性的电影、书籍等，以免影响睡眠。

第二，对于饮食不规律的问题

首先，制订科学合理的饮食计划，确保每天摄入均衡的营养。早餐要吃好，午餐要吃饱，晚餐要吃少。合理搭配食物，多吃蔬菜、水果、全谷类食物、瘦肉、鱼类等，少吃油腻、辛辣、刺激性食物。其次，定时进餐，养成定时进餐的习惯，避免过度饥饿或暴饮暴食。每天按照固定的时间进餐，有助于维持身体的正常代谢和消化功能。可以设置闹钟提醒自己按时吃饭，避免因为学习紧张而忘记进餐。最后，还要注意饮食卫生，选择干净、卫生的食物，避免食用过期、变质或不洁的食物。饭前便后要洗手，保持良好的个人卫生习惯。尽量在家中或学校食堂就餐，减少外出就餐的次数，以确保饮食安全。

第三，面对身体不适的问题

最重要的还是适当运动，坚持适量的运动，如跑步、跳绳、游泳等，可以增强体质，提高免疫力，预防身体不适。运动时间可以选择在早晨或傍晚，避免在饭后立即运动。运动强度要适中，避免过度疲劳。然后，要注意休息，保证充足的休息时间，避免长时间连续学习或工作。每隔一段时间要休息一下，活动身体，放松眼睛和大脑。可以进行一些简单的伸展运动或眼保健操，缓解身体的疲劳和紧张。当然，及时就医也是很重要的。如果出现身体不适的症状，如头痛、发热、咳嗽、腹泻等，要及时就医，遵医嘱进行治疗。不要自行用药或拖延病情，以免影响身体健康和学习进度。

总之，中考临近，无论是学习、心理还是生活方面，都可能面临诸多挑战。但只要我们积极应对，就能克服困难，以更好的状态迎接中考。

中考是人生中的一个重要节点，但不是终点。相信我们通过努力，一定能在中考中取得优异成绩，为自己的未来奠定坚实的基础。

2

克服负面情绪

中考，犹如一场重要的磨砺，在这场磨砺中，会遇到各种负面情绪。焦虑、恐惧、沮丧、烦躁等情绪可能会在不经意间侵袭考生的心灵，影响他们的备考状态和考试发挥。然而，我们并非束手无策，只要找到正确的方法，就能够勇敢地直面这些负面情绪，在中考的征程中乘风破浪，驶向成功的彼岸。那么，面对中考，怎么克服这些负面情绪呢？让我们一同探寻有效的应对之策。

✏️ 案例描述

李华是一名成绩中等的初三学生。随着中考的日子一天天逼近，他独自承受着越来越沉重的压力。

起初，焦虑悄然来袭。他看着桌上堆积如山的复习资料，想到即将到来的中考，心中便涌起无尽的担忧。他担心自己考不上好高中，担心未来的路会因此变得崎岖。每天晚上，他都在焦虑中度过，常常失眠到深夜。第二天又拖着疲惫的身体去上课，学习效率越来越低。

渐渐地，恐惧也如影随形。每次模拟考试，他都紧张得手心出汗。看着试卷上的题目，他害怕自己答错，害怕成绩不理想。这种恐惧让他在考场上大脑一片空白，原本会做的题目也变得陌生起来。

随着焦虑和恐惧的不断加剧，沮丧也开始占据他的内心。当看到自己的成绩一次次不尽如人意时，他觉得自己的努力都白费了。他开始怀疑自己的能力，觉得自己无论怎么努力都无法改变现状。他变得沉默寡言，不再和同学交流，只是一个人默默地承受着这一切。

在负面情绪的重重包围下，李华感到无比孤独和无助。他没有向老师和家长倾诉自己的困难，而是选择独自承受。然而，独自面对最终让他不堪重负。

在一次重要的模拟考试中，李华再次发挥失常。看着惨不忍睹的成绩，他的情绪彻底崩溃了。他觉得自己仿佛置身于一个黑暗的深渊，四周寂静无声，只有绝望在不断蔓延。"为什么我这么努力还是不行？难道我真的就这么差劲吗？"他不停地在心里质问自己。他开始怀疑人生的意义，觉得自己的未来一片渺茫。"也许我注定就是一个失败者，中考就是我无法跨越的一道坎。"这种消极的想法在他脑海中不断盘旋，让他陷入了深深的自我否定之中。

他把自己关在房间里，泪水止不住地流。他觉得自己的世界崩塌了，未来一片黑暗。他开始自暴自弃，不再认真复习，甚至产生了放弃中考的念头。

在崩溃之后，李华对家人的态度也发生了极大的转变。他变得异常敏感和暴躁，父母关切的询问在他听来都像是指责。当父母小心翼翼地问他考试情况时，他会不耐烦地大声回应："别问了！我已经够烦了！"他把自己封闭起来，不愿意和家人交流，觉得他们根本无法理解自己的痛苦。看到父母担忧的眼神，他心里虽然有一丝愧疚，但更多的是愤怒和无奈。他觉得家人的期望就像一座沉重的大山，压得他喘不过气来。

李华的故事令人惋惜，它提醒我们，中考的负面情绪如果不能及时得到疏导和排解，可能会给学生带来巨大的伤害。在面对中考压力时，学生们不应独自承受，而应积极寻求老师、家长和同学的帮助，共同战胜负面情绪，迎接中考的挑战。

通过这个案例，我们看到了一名中学生在面对中考压力时，受到非常大的负面情绪的影响。那么在面对中考的过程中，他们究竟会产生哪些负面情绪呢？产生这些情绪的原因又是什么？

第一，焦虑，它主要表现在心理上和生理上两个方面。心理上，时常感到忐忑不安，脑子里不断浮现各种关于中考的担忧，比如担心考场上发挥失常、担心题目太难自己不会做、担心达不到理想高中的录取分数线等。生理上，可能会出现心跳加速、呼吸急促、手抖、出汗增多等症状。在复习时，难以集中注意力，总是被无端的担忧打断思路，看书或做题时容易走神。

焦虑产生的原因：一方面，中考作为人生中的一个重要转折点，其结果直接关系到未来的学习环境和发展方向，从而带来了巨大的心理压力。另一方面，家长和老师的高度期望也会加重学生的焦虑感。他们的关心和督促可能会被学生理解为一种无形的压力，觉得自己必须要考好才能不辜负他们的期望。还有，与同学之间的竞争也会让人焦虑。看到其他同学努力学习、成绩进步，会担心自己被落下，从而产生紧张和不安。

第二，恐惧，它主要表现在临近中考时，可能会出现失眠、食欲不振等症状，一想到要走进考场，就感到极度紧张和害怕，甚至有逃避考试的想法。

恐惧产生的原因可能来自两个方面。其一，是对失败的过度恐惧。中考的结果被赋予了太多的意义，学生害怕失败后会受到家长的责备、老师的失望以及同学的嘲笑，这种对失败后果的担忧会让他们对考试产生恐惧。另外，缺乏自信也是产生恐惧的一个重要原因。如果学生对自己的学习能力和知识掌握程度没有信心，就会害怕在考试中暴露自己的不足，从而产生恐惧心理。

第三，沮丧，它主要表现在当复习遇到困难，或者考试成绩不理想时，会感到非常沮丧。情绪低落，对自己失去信心，觉得自己再怎么努力也没有用。在这个过程中，甚至可能会出现自我封闭的情况，不愿意与他人交流，沉浸在自己的失败情绪中无法自拔。对学习失去兴趣，甚至产生放弃中考的念头。

沮丧的原因可能来自这两个方面。其一，对自己要求过高。有些学生给自己设定了很高的目标，一旦没有达到，就会感到沮丧和失望。他们往往只看到自己的不足，而忽视了自己的进步和努力。另外，长时间的努力没有得到明显的回报。中考复习是一个漫长而艰苦的过程，如果学生付出了很多努力，却没有看到成绩的显著提高，就会容易产生沮丧情绪。

第四，烦躁，它主要表现在情绪变得非常不稳定，容易发脾气。对学习和周围的事物都感到厌烦，看什么都不顺眼。在复习时，无法静下心来，总是觉得很烦躁，坐不住。可能会频繁地更换学习任务，或者做一些与学习无关的事情来缓解烦躁情绪。

长时间的高强度学习和压力让身心疲惫不堪。每天都要面对大量的学习任务和考试压力，没有足够的时间休息和放松，容易产生烦躁情绪。另外，外界环境干扰也会让人烦躁。比如家庭氛围不和谐、同学之间的矛盾等，都会影响学生的情绪，让他们感到烦躁不安。

在面对中考这场重要的"战役"中，焦虑、恐惧、沮丧、烦躁这四类负面情绪如同层层迷雾，常常笼罩着考生们，让他们在通往梦想的道路上举步维艰。这些情绪不仅影响学习效率，更可能在关键时刻成为阻碍前进道路的巨石。然而，迷雾终将散去，巨石亦可跨越。只要我们找到正确的方法，就能驱散这些负面情绪的阴霾，以更加坚定、自信的姿态迎接中考的挑战。那么，究竟有哪些行之有效的方法可以帮助我们战胜这四类负面情绪呢？

✏️ 案例描述

初三学生张晓，在中考的压力下，逐渐被负面情绪包围。

随着中考倒计时的数字越来越小，焦虑如影随形。张晓每天都在担忧自己还有很多知识点没掌握好，害怕考不上理想的高中。晚上常常躺在床上辗转反侧，脑海中不断浮现各种可能出现的考试场景，难以入眠。白天上课也无法集中精力，学习效率大打折扣。"当你为错过太阳而哭泣的时候，你也要再错过群星了。"张晓意识到自己不能一直沉浸在焦虑中，必须作出改变。

恐惧也在关键时刻悄然降临。每次模拟考试前，张晓的心跳就会急剧加速，手心里全是汗。看着试卷，他害怕自己答错，担心成绩一落千丈。这种恐惧让他在考场上大脑一片空白，原本熟悉的知识点也变得模糊不清。"勇敢是处于逆境时的光芒。"张晓决定勇敢地面对恐惧。

沮丧也开始慢慢侵蚀他的内心。当看到自己不尽如人意的成绩时，张晓觉得自己的努力都白费了，对自己失去了信心。他开始怀疑自己是不是根本就不适合学习，甚至想要放弃。"失败乃成功之母。"这句话在他脑海中不断浮现，他明白不能因为一时的失败而气馁。

张晓决定采取行动来克服这些负面情绪。他首先调整自己的学习方法，制订了详细的复习计划，合理安排时间，让自己的学习更加高效。他每天都会抽出一定的时间进行体育锻炼，跑步、打球，通过运动释放压力，让自己的身心得到放松。

他还积极与老师和同学交流。向老师请教不懂的问题，听取老师的建议。和同学分享自己的感受，从同学那里获得鼓励和支持。"一个人可以走得很快，但一群人可以走得更远。"在老师和同学的陪伴下，张晓不再感到孤单和无助。

最终，张晓成功地克服了负面情绪。在中考中，他发挥稳定，考上了自己理想的高中。他用自己的行动证明了，只要有勇气面对负面情绪，积极寻找方法，就一定能够战胜困难，实现自己的梦想。

克服负面情绪的方法

张晓的故事是否让你感同身受呢？在中考这场重要的战役中，负面情绪常常不请自来，就像张晓曾被焦虑、恐惧和沮丧所困扰一样。但他没有被这些情绪打倒，而是勇敢地找到了克服它们的方法，最终实现了自己的目标。那么，当孩子面对这些负面情绪时，有哪些方法可以克服呢？

对于学生自己来说

• **调整心态**：认识到中考虽然重要，但不是人生的唯一出路。可以时常提醒自己"人生是一场马拉松，中考只是其中一个站点"，降低对中考结果的过度担忧。接受自己的不完美，每个人都有自己的优势和不足，不要对自己要求过高。学会自我鼓励，看到自己的进步和努力，对自己说"我一直在成长，我可以做得更好"。

• **采取行动**：制订合理的学习计划，明确每天的学习任务，让学习更有条理。按照计划执行，会增强自己的掌控感，减少焦虑。进行适当的体育锻炼，如跑步、跳绳、打球等。运动可以释放身体内的荷尔蒙，让人感到轻松愉快。"生命在于运动，运动让我充满活力"，在紧张的学习之余，可以通过运动来放松身心。培养兴趣爱好，如绘画、音乐、阅读等。在课余时间做自己喜欢的事情，可以转移注意力，缓解压力。"兴趣是最好的老师，也是最好的减压剂"，让兴趣爱好丰富自己的生活。

• **学会放松**：深呼吸，在感到紧张时，闭上眼睛，慢慢地吸气，然后慢慢地呼气，重复几次，让自己平静下来。冥想，找一个安静的地方，坐下或躺下，专注于自己的呼吸或一个美好的画面，排除杂念，放松身心。听音乐，选择一些舒缓的音乐，如古典音乐、轻音乐等，让音乐陪伴自己学习和休息。

对于家长来说

• **给予支持**：理解孩子的压力和情绪，不要给孩子过多的压力。可以对孩子说"我们相信你，无论结果如何，你都是我们的骄傲"，让孩子感受到父母的爱和支持。关注孩子的生活和学习，为孩子提供必要的帮助，如准备营养丰富的食物、创造安静的学习环境等。鼓励孩子参加一些有益的活动，如户外活动、社会实践等，让孩子在活动中放松心情，增长见识。

• **保持沟通**：与孩子保持良好的沟通，倾听孩子的心声，了解孩子的需求和困惑。不要批评或指责孩子，而是给予孩子积极的反馈和建议。分享自己的经验和故事，让孩子从中获得启发和力量。可以和孩子一起回忆自己的中考经历，或者讲述一些成功人士的故事，让孩子明白困难是可以克服的。与孩子一起制订目标和计划，让孩子参与其中，增强孩子的责任感和自信心。目标要具体、可行，计划要合理、灵活，根据孩子的实际情况进行调整。

总之，中考对于学生来说是一场重要的挑战，负面情绪的产生不可避免。然而，通过学生自己、家长、同学以及老师的共同努力，这些负面情绪是可以被有效克服的。

3

家长中考时期高质量陪伴孩子

在中考的这个过程中，作为家长可以从"给予孩子心理支持""精心做好生活照顾""有效辅助孩子学习""及时提供信息支持""给予情感陪伴""发挥榜样示范"以及"合理引导社交"等方面进行高质量陪伴，下面我们将从这几个方面进行详细阐述。

家长应给予孩子心理支持

1. 不吝鼓励话语

时常对孩子讲"你如此努力，必定能够成功"之类的话，让孩子深切感受到来自父母的信任与支持，从而大力增强自信心。

例如：当孩子在一次模拟考试中成绩不理想而情绪低落时，父母可以温柔地将孩子拥入怀中，轻声说："宝贝，一次考试成绩不能代表什么，你一直都很努力，我相信你在中考中一定能发挥出最好的水平。你看，你之前在学习上付出了那么多时间和精力，每次遇到难题都不放弃，这种坚持和毅力就是你最大的优势。而且，每个人都会有发挥不好的时候，这正是我们发现问题、提升自己的机会呀。"

2. 耐心倾听孩子的心声

使他们在有压力和焦虑时能够尽情倾诉，给予充分的理解与安慰，切不可打断或批评孩子。

例如：孩子向父母抱怨学习压力大，作业多，父母立刻停下手中的事情，专注地看着孩子，耐心地听孩子说完。然后，父母用温暖的语气说："我理解你的辛苦，学习确实不容易，但这也是成长的一部分。我们一起想办法，看看怎么能让你轻松一些。比如，我们可以把作业分成几个小部分，每次完成一部分就休息一会儿。或者，如果你觉得某个科目特别难，可以和老师或者同学交流一下，说不定会有新的思路呢。"

3. 始终保持平和的心态

绝不在孩子面前流露出过度的紧张与焦虑，以积极乐观的态度面对中考，为孩子营造轻松愉悦的家庭氛围。

例如：父母在孩子面前从不谈论中考的紧张和压力，而是经常分享一些生活中的趣事或积极的新闻。比如，父母会在晚餐时说起今天在上班路上看到的美丽花朵，或者分享一则关于勇敢面对困难最终取得成功的故事。他们用轻松的语气和笑容，让孩子感受到生活的美好和轻松，让孩子明白中考只是人生中的一个阶段，而不是全部。

精心做好生活照顾

1. 提供合理而营养均衡的饮食

多准备富含蛋白质、维生素和矿物质的食物，坚决避免过于油腻、辛辣或刺激性的食物。

例如：每天清晨，父母会为孩子准备一杯热牛奶和一个煮鸡蛋，让孩子在一天的开始就充满能量。午餐和晚餐更要精心搭配，有鲜嫩的瘦肉炒青菜、清蒸鲈鱼、番茄鸡蛋汤等。水果也是必不可少的，每天都会准备新鲜的苹果、香蕉、橙子等，让孩子随时可以补充维生素。尽量避免让孩子在备考期间吃炸鸡、麻辣烫等食物，以免影响孩子的肠胃和健康。

2. 确保孩子拥有充足的睡眠

帮助孩子养成良好的作息习惯。一般来说，初中生每天需要 8 ~ 9 小时的睡眠，父母可以协助孩子制定作息时间表，并严格督促其执行。

例如：父母和孩子一起制定了每天晚上 11 点前必须上床睡觉，早上 6 点半起床的作息时间表。为了确保孩子能够按时睡觉，父母会在晚上九点半左右提醒孩子完成手头的任务，开始洗漱准备睡觉。如果孩子在规定时间还在学习，父母会温柔地提醒孩子该休息了，告诉孩子充足的睡眠对于学习的重要性。早上，父母会准时叫孩子起床，让孩子养成良好的生物钟。

3. 积极鼓励孩子进行适度的运动

如散步、跑步、打球等，这样既能缓解压力，又能增强体质，还能提高学习效率。父母可以陪伴孩子一起运动，以此增进亲子关系。

例如：周末，父母和孩子一起去公园散步。他们手牵着手，沿着湖边的小路缓缓前行，呼吸着新鲜的空气，欣赏着周围的美景。边走边聊天，分享彼此的生活趣事和感受，让孩子放松心情。或者，一家人一起去体育馆打羽毛球，在球场上尽情挥洒汗水。父母会为孩子的每一个好球鼓掌喝彩，让孩子在运动中释放压力，同时感受到父母的关爱和支持。

有效辅助孩子学习

1. 为孩子创造一个安静、整洁、舒适的学习环境

设置专门的学习区域，并配备必要的学习用品和设备，同时避免制造噪声或干扰孩子学习。

例如：在家里，父母为孩子打造了一个独立的书房。书房里摆放着整齐的书桌、舒适的椅子和明亮的台灯。书桌上放着孩子常用的学习用品，如笔、笔记本、计算器等。书房的墙壁上挂着一些激励人心的名言警句，让孩子在学习时充满动力。父母在孩子学习时尽量保持安静，不看电视、不大声说话，甚至走路都小心翼翼，以免打扰孩子。

2. 协助孩子制订合理的学习计划

明确学习目标和任务，科学合理地安排时间。可以根据孩子的实际情况，制订每天、每周的学习计划，并定期检查和调整。

例如：和孩子一起制订了每周的学习计划，周一到周五晚上分别复习不同的科目。比如，周一复习语文，周二复习数学，周三复习英语，周四复习物理，周五复习化学、周六进行模拟考试和错题整理，周日进行总结和预习。父母每周会和孩子一起检查计划的执行情况，根据实际情况进行调整。如果孩子在某个科目上遇到了困难，父母会和孩子一起分析原因，寻找解决办法，调整学习计划，确保孩子能够顺利完成学习任务。

3. 根据孩子的学习需求，提供必要的学习资源

如辅导书籍、在线课程、学习软件等，但不要给孩子过多的压力，让孩子根据自己的兴趣和能力进行选择。

例如：孩子在数学方面比较薄弱，父母为孩子购买了一本适合他的数学辅导书。把书放在孩子的书桌上，告诉孩子这本书可以帮助其提高数学成绩，但并不强制孩子一定要使用。同时，父母可以推荐一些在线数学课程，让孩子自己决定是否观看。如果孩子对某个课程感兴趣，父母会鼓励他去尝试，但如果孩子觉得压力太大，不想看在线课程，父母也不要勉强。

及时提供信息支持

1. 密切关注中考政策的变化

及时了解报名时间、考试时间、考试科目、录取规则等信息，为孩子提供准确的信息支持，助力孩子做好备考和报考的准备。

案例：父母关注了当地教育局的官方网站和微信公众号，每天都会浏览一遍，确保不会错过任何重要信息。当得知中考体育考试项目有调整时，父母马上把这个消息告诉孩子，并和孩子一起分析新的考试项目，制订相应的训练计划。父母还收集了一些关于中考政策解读的文章和视频，让孩子了解中考的最新动态，为孩子的备考提供有力的支持。

2. 深入了解孩子所在学校以及其他学校的情况

包括教学质量、师资力量、升学情况、招生政策和录取分数线等，为孩子选择高中提供有价值的参考。

例如：父母通过向亲戚朋友打听、参加学校的开放日活动、在网上搜索等方式，了解了几所重点高中的情况。他们把每所学校的优点和缺点都列出来，和孩子一起分析。比如，A学校的教学质量很高，师资力量雄厚，但录取分数线也比较高；B学校的校园环境优美，社团活动丰富，但交通不太方便。通过这样的分析，让孩子对不同的学校有了更深入的了解，进而为孩子填报志愿做准备。

3. 用心收集与中考相关的学习资料

如历年真题、模拟试卷、中考复习指南等，帮助孩子了解题型和难度，切实提高复习效率。

例如：父母从书店购买了历年中考真题集和模拟试卷，让孩子在复习过程中进行练习。父母还可以在网上下载了一些中考复习指南的电子文档，打印出来后装订成册，放在孩子的书桌上，方便孩子随时查阅。父母要和孩子一起分析历年真题的题型和难度，找出孩子的薄弱环节，有针对性地进行复习。同时，父母也要鼓励孩子多做模拟试卷，提高答题速度和准确率。

用心给予情感陪伴

1. 陪伴孩子共同成长

一起参加有意义的活动，如看电影、参观博物馆、爬山等，以此增进亲子关系，有效缓解孩子的压力。

例如：在孩子学习压力较大的时候，父母带孩子去看了一场励志电影。电影中主人公面对困难不屈不挠的精神深深打动了孩子，让孩子在电影中感受到坚持和努力的力量。看完电影后，父母和孩子一起讨论电影的情节和主题，分享彼此的感受和体会。或者，一家人一起去爬山，在山脚下，父母鼓励孩子勇敢地挑战自己。一家人沿着蜿蜒的山路缓缓而上，欣赏着沿途的美景，呼吸着清新的空气。在山顶上，俯瞰着城市的美景，孩子忘却了学习的压力，感受到了大自然的魅力和生命的美好。

2. 给予孩子满满的关爱

在孩子学习累了的时候，为他们准备一杯热茶或一份小点心；在孩子遇到困难的时候，给予他们鼓励和支持；在孩子取得进步的时候，及时给予表扬和奖励。

例如：孩子学习到深夜，父母为孩子端上一杯热牛奶和一块蛋糕，让孩子感受到父母的关爱。他们会轻轻地抚摸孩子的头，说："宝贝，辛苦了，吃点东西补充一下能量。"当孩子在考试中取得进步时，父母会用真诚的语言表扬孩子："你真棒！你的努力和付出得到了回报，继续保持哦！"当孩子遇到困难时，父母会紧紧地握住孩子的手，给予他鼓励和支持："不要害怕，我们一起面对，相信你一定能够克服困难。"

3. 着力培养孩子的独立性

让孩子学会自己安排学习和生活时间，自己解决问题，从而提高自我管理和应对挑战的能力。

例如：父母鼓励孩子自己制订学习计划和作息时间表，并自己监督执行。父母可以给孩子一些建议和指导，但最终的决定权还是交给孩子。当孩子在学习中遇到问题时，父母不要直接告诉孩子答案，而是引导孩子自己思考解决方法。比如，孩子在做数学题时遇到了难题，父母会问孩子："你觉得这个问题的关键在哪里？你已经尝试了哪些方法？还有没有其他的思路呢？"通过这样的引导，让孩子学会独立思考，提高解决问题的能力。

充分发挥榜样示范作用

1. 展现积极向上的态度

父母在生活中面对困难和挑战时，以积极的态度去应对，让孩子看到坚韧不拔和乐观向上的品质。比如在工作中遇到难题，父母努力寻找解决方案而不是抱怨。

例如：在工作中父母遇到一个棘手的项目，并不抱怨，而是积极地与同事沟通，寻找解决方案。父母每天晚上都会加班到很晚，但从不把工作的压力和负面情绪带回家。回到家后，依然保持着微笑和乐观的态度，和孩子分享工作中的一些小成就和趣事。孩子看到父母的努力和坚持，也受到了鼓舞。他明白了，无论遇到什么困难，都要积极面对，努力寻找解决办法。

2. 保持良好的学习习惯

自己也保持不断学习的状态，如阅读书籍、学习新技能等，向孩子传递终身学习的理念，让孩子明白学习是一个持续的过程。

例如：父母每天晚上都会抽出一些时间阅读书籍，或者学习一门新的语言、技能。他们会把自己学习的过程和收获与孩子分享，让孩子感受到学习的乐趣和意义。比如，父亲在学习摄影，他会把自己拍摄的照片给孩子看，和孩子一起讨论摄影的技巧和艺术。母亲在学习英语，她会和孩子一起用英语对话，提高孩子的英语水平。孩子看到父母的学习热情，也会更加珍惜学习的机会，明白学习是一生的事情。

合理引导社交与调节压力

1. 合理安排孩子在备考期间的社交活动

适当控制但不完全禁止。帮助孩子筛选积极健康的社交活动，如和同学一起讨论学习问题、参加小组学习等，教导孩子在社交中保持专注于学习的心态，避免被不良社交影响分散精力。

例如：父母允许孩子在周末和同学一起去图书馆学习，互相交流学习经验和方法。他们会提醒孩子，在图书馆要保持安静，专注于学习。但当孩子提出要参加一些可能会影响学习的聚会时，父母会和孩子沟通，让孩子明白现在的重点是备考中考。他们会说："宝贝，我知道你很想和同学们一起玩，但是现在是关键时期，我们要把更多的时间和精力放在学习上。等中考结束后，你可以尽情地和同学们一起玩。"同时，父母要鼓励孩子参加一些积极健康的社交活动，如参加志愿者活动、参加学校的社团活动等，让孩子在社交中锻炼自己的能力和素质。

2. 妥善处理亲子关系

与孩子的老师、同学家长保持良好的沟通，了解孩子在学校的表现和学习情况。当孩子与同学发生矛盾时，及时引导孩子正确处理。

例如：父母经常和孩子的老师沟通，了解孩子在学校的学习情况和表现。他们会认真听取老师的建议和意见，和老师一起共同关心孩子的成长。同时，父母要和孩子的同学家长保持联系，互相交流孩子的情况，共同为孩子创造一个良好的学习和生活环境。当孩子与同学发生矛盾时，父母会耐心地听孩子讲述事情的经过，然后引导孩子从对方的角度去思考问题，学会理解和包容。他们会说："宝贝，每个人都有自己的想法和感受，我们要学会站在别人的角度去看问题，这样才能更好地理解别人，也能让别人更好地理解我们。"

3. 为孩子提供有效的压力调节方法

如听音乐、做手工、绘画等，父母可以和孩子一起尝试，让孩子在紧张的学习之余有放松的渠道。

例如：孩子学习压力大的时候，父母会和孩子一起听音乐、做手工，让孩子放松心情。他们会打开孩子喜欢的音乐，让孩子闭上眼睛，静静地聆听音乐的旋律和节奏，感受音乐带来的宁静和愉悦。或者，一家人一起做手工，比如制作一个手工饰品、编织一条围巾等。在制作过程中，父母会和孩子一起讨论创意和方法，让孩子在动手的过程中发挥自己的想象力和创造力。绘画也是一种很好的压力调节方法，父母会为孩子准备好画笔和画纸，让孩子自由地表达自己的情感和想法。

4. 精心安排休闲时光

在周末或假期安排家庭休闲活动，如去公园散步、野餐、看电影等，让孩子暂时放下学习压力，尽情享受家庭的温暖和快乐。

例如：周末，父母带孩子去公园野餐。他们提前准备好美味的食物和饮料，带上野餐垫和帐篷，来到公园的草地上。一家人在草地上享受阳光和美食，孩子们在草地上奔跑嬉戏，父母则坐在一旁看着孩子，脸上洋溢着幸福的笑容。或者，一家人一起去看电影，选择一部轻松愉快的电影，让孩子在电影中忘却学习的压力，享受家庭的温暖和快乐。

5. 认真做好志愿填报指导

提前了解各个高中的特点、优势和录取要求，收集相关资料为孩子填报志愿做好充分准备。尊重孩子的意愿，与孩子一起分析各个学校的利弊，结合孩子的兴趣、特长和成绩，作出最适合孩子的选择。

例如：父母在中考前几个月就开始研究各个高中的情况，收集了学校的招生简章、历年录取分数线等资料。父母可以参加一些高中的招生咨询会，了解学校的教学质量、师资力量、校园环境等情况。在填报志愿时，父母和孩子一起分析每所学校的优势和不足，结合孩子的兴趣和成绩，最终选择一所最适合孩子的高中。父母要尊重孩子的意愿，让孩子参与到志愿填报的过程中，让孩子感受到自己的选择是被尊重和重视的。

德国哲学家雅斯贝尔斯曾说："教育的本质是一棵树摇动另一棵树，一朵云推动另一朵云，一个灵魂唤醒另一个灵魂。"父母给予孩子的陪伴与引导，无疑便是这样一种深沉而有力的教育力量。让我们用心去践行这些温暖的方法，用爱去陪伴孩子度过这段充满挑战与机遇的特殊时期。萧伯纳亦曾感慨道："人生不是一支短短的蜡烛，而是一支由我们暂时拿着的火炬，我们一定要把它燃得十分光明灿烂，然后交给下一代的人们。"我们当以积极的行动，为孩子照亮中考之路，让这团火焰燃烧得更加炽热。

相信在我们的共同努力下，孩子们必定能以最佳的状态迎接中考，勇敢地迈向那更加绚丽美好的未来，在人生的画卷上书写下属于他们的辉煌篇章。

4

中考过后同样重要

中考，犹如一场激烈的风暴，席卷了无数青春的梦想与拼搏。当这场风暴渐渐平息，中考过后的时光，其意义与价值却丝毫未减，甚至在某种程度上，它更是开启人生新征程的关键节点。那么，学生和家长在中考之后究竟需要留意哪些方面呢？

一、学生方面

1. 心理调适

• **理性看待成绩**：中考成绩公布之际，无论结果是优是劣，都务必保持平和心态。若成绩斐然，切不可骄傲自满，要深刻认识到这仅仅是人生旅程中一个阶段的成果。比如，有的同学中考成绩名列前茅，便开始沾沾自喜，放松了对自己的要求，结果在高中阶段的学习中逐渐落后。倘若成绩不尽如人意，也切勿过度沮丧，要坚信仍有众多机会可供努力与转变。学会从成绩中总结经验教训，为未来的学习提供借鉴。比如，分析自己在哪些科目上存在薄弱环节，以便在假期中有针对性地进行复习和提高。

• **有效缓解压力**：中考备考阶段学生承受着巨大压力，中考后可通过适当方式放松，比如聆听舒缓的音乐，像班得瑞的轻音乐能让人心灵沉静；观赏精彩的电影，如《心灵奇旅》能引发对人生意义的思考；进行酣畅淋漓的运动，篮球、足球、跑步等都是不错的选择，以此释放长期积累的紧张情绪。同时，可以尝试一些放松身心的活动，如冥想、瑜伽等，帮助自己恢复内心的平静。

2. 规划未来

• **深入了解高中生活**：可以向学长学姐请教高中的学习与生活状况，提前做好心理建设。熟悉高中的课程安排、教学方式以及学习要求，以便更顺利地适应高中阶段的学习。还可以通过参观高中校园、参加高中开放日等活动，直观地感受高中的学习氛围。例如，有同学在参观高中校园后，对学校的实验室和图书馆印象深刻，从而对高中的学习充满了期待。

• **明确学习方向**：若对某些学科有特别的兴趣，可以利用假期进行初步探索与学习，为高中的选课以及未来的职业规划奠定基础。例如，对物理感兴趣的同学可以阅读一些科普书籍，如《时间简史》或观看相关的纪录片，对历史感兴趣的同学可以阅读一些历史小说，如《明朝那些事儿》或参观博物馆。这样不仅能拓宽知识面，还能激发学习热情。

• **培育兴趣爱好**：中考后拥有了更多自由时间，可以重新拾起或培养自己的兴趣爱好，如绘画、书法、乐器演奏等，丰富生活内容，发展个人特长。这些兴趣爱好不仅可以丰富课余生活，还可以培养创造力和审美能力。比如，有同学从小喜欢绘画，中考后参加了绘画培训班，不仅提高了绘画水平，还在绘画中找到了表达自我的方式。

• **拓展社交圈子**：可以参加一些兴趣小组、夏令营或社区活动，结识新朋友，拓展社交圈子。通过与不同的人交流和合作，孩子可以提高自己的沟通能力和团队协作能力。例如，参加科技创新夏令营，与来自不同学校的同学一起合作完成项目，不仅能学到新知识，还能结交志同道合的朋友。

3. 自我提升

• **广泛阅读书籍**：大量阅读各类书籍，拓展知识面，提升阅读理解与写作能力。可以选择一些经典文学作品，如《红楼梦》《巴黎圣母院》等，科普读物如《从一到无穷大》，历史传记如《苏东坡传》等，充实自己的精神世界。同时，可以阅读一些关于学习方法和自我管理的书籍，提高自己的学习效率和自我管理能力。比如，《如何高效学习》这本书就介绍了很多实用的学习方法。

• **学习实用技能**：可以学习一些实用技能，例如游泳、烹饪、编程等，提高自身综合素质与生活能力。这些技能不仅可以在日常生活中发挥作用，还可以为未来的职业发展打下基础。比如，学习编程可以培养逻辑思维能力，在未来的数字化时代具有很大的优势。

• **提高语言能力**：可以学习一门新的语言或提高自己的英语水平。学习新语言可以开阔视野，增加与不同文化背景的人交流的机会；提高英语水平则可以更好地应对高中的英语学习和未来的国际化需求。例如，参加英语口语培训班，提高口语表达能力，或者通过观看英语电影、听英语歌曲等方式提高英语听力和语感。

二、家长方面

1. 心理支持

• **密切关注孩子情绪**：家长要时刻留意孩子的情绪变化，当孩子成绩理想时给予恰当的鼓励与提醒，在孩子成绩欠佳时给予理解与支持，助力孩子度过情绪低谷期。要与孩子保持良好的沟通，让孩子感受到家长的关爱和支持。比如，当孩子因为成绩不理想而情绪低落时，家长可以耐心地倾听孩子的心声，给予安慰和鼓励，帮助孩子重新树立信心。

• **用心倾听孩子心声**：给予孩子充足的时间与空间表达自己的想法与感受，认真聆听他们的困惑与担忧，给予积极的回应与建议。不要急于批评或指责孩子，要尊重孩子的观点和选择。例如，孩子在选择兴趣爱好时，家长可以听取孩子的想法，给予合理的建议，而不是强行干涉。

2. 积极引导

• **协助孩子了解高中**：与孩子一同了解目标高中的情况，包括学校的师资力量、教学质量、校园文化等，帮助孩子更好地适应高中生活。可以通过上网查询、咨询老师、参观学校等方式获取信息。比如，家长和孩子一起参观高中校园，了解学校的教学设施和校园环境，让孩子对高中生活有更直观的感受。

• **共同探讨未来**：和孩子一起探讨未来的发展方向，尊重孩子的兴趣与选择，提供合理的建议与指导，帮助孩子制定初步的职业规划。要让孩子明白，未来的道路有很多选择，重要的是要根据自己的兴趣和能力作出适合自己的决策。例如，孩子对音乐有浓厚的兴趣，家长可以和孩子一起探讨音乐相关的职业发展方向，如音乐制作人、音乐教师等。

• **关注孩子成长**：在假期中，家长要关注孩子的成长和发展，及时发现孩子的问题并给予帮助。可以与孩子一起制订成长计划，包括学习、生活、社交等方面，帮助孩子全面发展。比如，家长发现孩子在时间管理方面存在问题，可以和孩子一起制定时间表，培养孩子的时间管理能力。

3. 合理安排假期

• **适度放松监管**：中考后孩子需要适当放松，但也不能完全放任不管。家长可以与孩子共同制订合理的假期计划，涵盖学习、娱乐、社交等方面，确保孩子度过一个充实且有意义的假期。要给孩子一定的自由空间，让孩子学会自我管理和自我约束。比如，家长可以和孩子一起安排每天的学习和娱乐时间，让孩子在规定的时间内完成学习任务，然后自由安排娱乐活动。

• **参与社会实践**：鼓励孩子参加一些社会实践活动，如志愿者服务、社区活动、暑期实习等，让孩子了解社会、增长见识、锻炼能力。这些活动可以培养孩子的社会责任感和团队合作精神，为孩子的未来发展打下基础。例如，孩子参加社区环保活动，不仅为保护环境作出了贡献，还学会了团队协作和沟通。

• **陪伴孩子成长**：在假期中，家长要尽可能多地陪伴孩子，一起度过美好的时光。可以一起旅行、看电影、参加亲子活动等，增进亲子关系，让孩子感受到家庭的温暖和幸福。比如，家长和孩子一起去旅行，欣赏自然风光，体验不同的文化，不仅能放松心情，还能增进亲子感情。

中考后的这段时光，犹如一座桥梁，连接着过去的努力与未来的希望。同学们，无论中考成绩如何，那都只是人生中的一个节点。未来的路还很长，充满了无限的可能。不要因为一时的得失而气馁，也不要因为一时的成功而骄傲。勇敢地去探索、去尝试、去挑战，用积极的心态去面对未来的每一个挑战。相信自己，你们拥有无限的潜力，只要坚持不懈地努力，就一定能实现自己的梦想。让我们携手共进，在这个新的起点上，为自己的未来描绘出更加绚丽多彩的画卷。

（本章作者：袁家梦）

第十五章　初升高的华丽转身

亲爱的家长朋友，您已陪伴孩子走过初中三载春秋，而今，即将迎来"初升高"的关键时刻！看着那个曾经稚嫩的身影即将踏上高中征程，您是否既欣慰又忐忑？是否也在思考该如何助力孩子从容应对高中的挑战呢？

高中与初中相比，知识深度与广度骤增，学习节奏加快，竞争也更为激烈。过往因忽视衔接准备而导致孩子在高中初期迷失方向、成绩下滑的案例屡见不鲜。为了让孩子在高中继续踏浪扬帆，我们现在就需要行动起来，利用好最后的黄金时间，做好规划衔接。

1

感恩过去，奔赴未来

明日之河早已漫过今日之堤，你涉水的每一个足迹，都可以是新的印记。

当你的指尖轻轻滑过这些文字的时候，是否已经嗅到了孩子们毕业的气息呢？初中三年一路走来，就像在晨光中翻开了一本关于成长与梦想的日记，而今天这一页，尤为特别。

因为这一页有恭喜，有祝福，更有无尽的未来。

记得吗？初一那年，孩子们带着稚嫩的脸庞和满心的憧憬踏入校门，那时的他们对初中充满了无限的好奇与想象。国防教育时汗水浸湿的衣背，运动会上响彻云霄的加油声，还有一次次定时作业的紧张与释然，这些都如同璀璨星辰，镶嵌在青春的天空中，闪耀着独特的光芒。

初二的学习生活更加充实而紧张，孩子们在老师的引导下，在你们的陪伴下，畅游知识的海洋，每一次解出难题的喜悦，每一次团队合作的默契，都让他们的心灵得到了前所未有的滋养。在辩论赛中唇枪舌剑，在文艺汇演上大放异彩，在一次次的社会实践和研学中学会了责任与担当。

转眼间，已经站在初三的尾声，至此回望，那些曾经以为遥不可及的日子，竟已悄然成为过去。我们感恩过去不断关注孩子成长的自己，感谢老师们悉心的教育，更感动于孩子的茁壮成长。而今，中考的号角即将吹响，它不仅仅是对过去三年学习成果的一次检验，更是我们迈向新征程的起点。但请记住，亲爱的家长朋友们，初中毕业并不意味着我们的关注可以中止，相反，它是一段新旅程的开始，无论是即将踏入职高进行专业技能探索，还是升入普通高中持续精进学术能力，抑或是进入国际学校大展拳脚……每一种选择都充满了无限可能，每一种可能都会因为你的陪伴而更添光彩。

在这个挥别过去、展望未来的关键时刻，我们有一份特别的"锦囊"想要赠予你们，它可以帮助孩子们更加顺利地踏上下一步台阶，让孩子们前行的脚步更加稳健且有力。

2
最后的护航

预测未来最好的方法就是去创造未来。

——林肯

在迎接高中生涯的挑战之前，我们需要在暑假期间做好充分的准备，以确保顺利适应这个新的阶段。当然，这不仅包括学术上的提升，还需要关注心理和身体的全面调整。

初中与高中在多个方面存在显著差异。首先，知识难度上，高中课程相较于初中有了质的飞跃，不仅知识量大幅增加，而且深度与广度也显著提升，这要求孩子们具备更强的逻辑思维、抽象理解及综合运用能力。其次，学习节奏加快，高中生活更加紧凑，课业负担加重，孩子们需要更强的自我管理和时间规划能力来应对繁重的学业。同时，高中更加注重培养学生的自主学习能力，老师不再像初中那样事无巨细地指导，而是鼓励学生独立思考、解决问题。此外，高中阶段的学科选择更加多样化，尤其是进入高二后，学生需根据个人兴趣和未来规划选择文理科或特定的选修课程，这为学生的个性化发展提供了更多可能。最后，高中生活也更加注重综合素质的培养，社团活动、志愿服务、科学实验、研究性学习等丰富多彩的活动，旨在拓宽学生视野，提升团队合作能力、社会责任感和创新能力。

由此可见，初中到高中不仅是知识层次的提升，更是学生心智、能力、视野全面成长的重要阶段。高中生活相较初中更具挑战性和机遇性，因此我们需要培养适应这些变化的能力，掌握有效的学习方法，了解各科老师的教学风格，熟悉目标学校的学习氛围。而现在的假期正是我们为未来三年做准备的最佳时机。

而孩子们卓越的能力习惯、深厚的知识、精湛的技巧和强大的身心正是面对未来学习生活的不二法门。

心理准备

1. 适应新环境

高中有新的校园、新的同学和新的老师，这意味着孩子们将进入一个全新的环境，与初中截然不同。在这种情况下，孩子们需要拥有开放的心态，积极融入新环境，勇敢面对不确定性。适应新环境的能力不仅有助于孩子们迅速融入集体，建立良好的人际关系，还能够使孩子们更快地熟悉学校的各项规则和设施。因此，孩子们需要在暑假期间培养适应新环境的能力，可以通过参加夏令营、社交活动等方式提前锻炼自己的社交能力和适应能力。

2. 做好吃苦的心理准备

高中生活将更加紧张，学习要求也更高。因此，孩子们需要做好心理建设，学会承受压力，提高抗挫折能力。吃苦耐劳不仅体现在学习上，也要在生活的每一个细节中。培养这种品质的过程是艰辛的，但它能极大地提升孩子们的心理韧性，使他们在面对学业压力和生活挑战时更加从容不迫。所以，暑假期间，我们可以通过鼓励甚至陪伴孩子参加一些具有挑战性的运动，如长跑、登山等，来锻炼孩子们意志力和抗压能力。

3. 学会情绪管理和自我调节

高中阶段的学习压力和生活压力会显著增加，孩子们需要学会情绪管理和自我调节，以保持心理健康。为此，我们可以帮助孩子们学习一些情绪管理的方法，如冥想、深呼吸、写日记等，来提升他们的情绪调节能力。同时，我们可以鼓励孩子们通过阅读心理学书籍、参加相关的培训课程等方式，提升孩子的心理素质。

学习准备

1. 积极应对知识容量的改变

从初中到高中，知识的深度和广度将发生巨大变化。高中课程内容更加复杂，知识点更多且更具综合性，孩子们需要提前预习，充实知识储备，以应对高中的学习挑战。预习不仅可以帮助孩子们提前了解即将学习的内容，减少学习中的陌生感，还可以提高课堂学习的效率。在暑假期间，我们可以根据高中的教材，和孩子一起制订详细的预习计划，逐步掌握各科知识的基本内容，具体操作，可以参考本章末的学习规划表。

2. 提前布局学科选择

高考改革以后，高中学生将面临更多的学科选择，需要更多的时间和精力去了解各个学科的特点和前景，为未来的职业发展和大学申请做好准备。建议提前进行了解并咨询相关专业人员，做好学科布局规划。

3. 培养主动学习习惯

高中阶段对学生的自主学习能力提出了更高的要求。这是因为高中学科内容更加深入和复杂，需要更多的时间和精力去理解和掌握。所以需要主动积极地获取知识，通过阅读书籍、浏览互联网、参加讲座等途径，拓宽自己的知识面，培养对知识的渴望和获取能力。同时，孩子们还需要培养独立思考和解决问题的能力，不仅要能够消化老师所讲的知识，还需要能够运用所学的知识解决实际问题。当然，应对全科知识，能够进行合理地规划也是非常重要的能力。这样，才能更好地适应高中学习的要求，并为未来的发展打下坚实的基础。

4. 养成善于复盘的学习习惯

学会总结和反思，每天对所学知识进行复盘，找出不足并及时弥补。复盘不仅可以帮助我们巩固所学知识，还可以发现不足，及时进行调整。善于复盘的学生在学业上表现更加优异，具有更强的学习能力。我们可以让孩子在暑假期间养成每天复盘的习惯，通过写学习日记、制作学习笔记等方式，提高自己的复盘能力。

5. 养成利用碎片化时间的习惯

拥有优质学习品格的孩子必然是时间的统治者。因而，善于利用碎片化时间进行有效学习和思考是至关重要的。碎片化时间的利用不仅可以提高学习效率，还可以增加知识储备。在暑假期间积极鼓励孩子通过阅读短篇文章、听微讲座、做碎片化时间安排等方式，提高利用碎片化时间的能力。

6. 培养注意力集中的习惯

人的生命及精力都有限，必须全神贯注并且持之以恒，才有可能追求卓越。保持高度长久的注意力是确保学习效率的重要因素。我们可以在暑假期间特别留意一下训练孩子的注意力。

身体准备

1. 避免过度学习

过度学习会悄悄剥夺了孩子休息和玩耍的时间，让孩子身心疲惫不堪；也慢慢消磨了他们对知识的那份天然好奇和热爱，让学习变得乏味。更糟糕的是，长期这样，孩子在未来课堂上的表现可能会大受影响，认为已经学过，而注意力不集中，学习效率下降。所以啊，假期还得悠着点，让学习与放松并行不悖，在快乐中成长，在兴趣中探索。

2. 保持身体健康

身体是勇往直前的资本。暑假这段黄金时光，可得好好利用起来，给"身体升级"。有规律的锻炼不只是让身体更强壮，它还能给大脑"充电"，让思维更敏捷，学习起来事半功倍。这样才能在高中这场脑力与体力的马拉松里，跑得又稳又快。

3. 健康饮食

保持健康的饮食习惯对于孩子们的身体健康和学习效率也至关重要。健康的饮食可以提供充足的营养，增强身体的免疫力，提高大脑的认知功能。从假期开始，养成健康饮食的习惯。

4. 充足的睡眠

充足的睡眠可以提高学习效率，增强记忆力，提升身体的免疫力。帮助孩子们制订详细的作息计划，避免熬夜，保持良好的睡眠习惯。

现在是我们为未来三年铺设最后一段护航之路的时刻。孩子们只要做好心理、学习和身体的准备，就能在高中阶段取得出色的表现。

准高一暑期学习计划表

科目	计划安排		周一 完成 情况	周二 完成 情况	周三 完成 情况	周四 完成 情况	周五 完成 情况	周六 完成 情况	周日 完成 情况
语文	固定任务	背诵古诗文言文							
		练字							
		名著阅读							
	选择任务	阅读理解							
		写作训练							
英语	固定任务	背单词短语							
		阅读							
	选择任务	听力训练							
		口语训练							
数学	固定任务	预习课文							
		练习计算							
	选择任务	错题整理							
		物理预习／复习							
其他科目	固定任务	化学预习／复习							
		生物预习／复习							
		地理预习／复习							
		历史预习／复习							
		政治预习／复习							

3

我们的征途是星辰大海

在孩子成长的道路上，初中与高中的过渡期，就像天空中那一抹最温柔的晚霞，今朝即将过去，而明日终将光芒万丈。亲爱的家长们，当您的孩子即将踏上这段新的旅程，愿我们这本书能化作一阵微风，带去最坚定的支持、最真挚的祝福和最深切的期望。

无论选择为何，只要孩子们以积极的心态、持续的努力、良好的习惯去应对未来，每一条路，都可以让梦想生花，每一个选择，都闪耀着独特的光芒。

面对未知，希望孩子们勇敢、自信、从容不迫。所谓勇敢不是拿着盾牌冲刺，而是即使泥泞满地，依旧敢于向下扎根；所谓自信不是踮脚追光，而是向内看见生长的力量，把自己逐渐变得光芒万丈；所谓从容从来不是岁月的特权，那是在繁忙与变化中保持平和、享受的定力。

在未来的日子里，或许会有风雨，但请记得，每一次挑战都是成长的契机，每一次跨越都是对未来的见证。让我们携手前行，让孩子们在各自的领域里发光发热，共同书写属于青春的辉煌篇章。

我们的征途不仅仅是脚下的路，更是那遥远而璀璨的星辰大海。愿孩子们心怀梦想，眼中有光，以无畏的勇气、坚定的信念和从容的姿态，向着那片星辰大海进发。

（本章作者：凌晓菊）